THE QUANTITATIVE
CHANGES OF
CHINA'S
ECONOMY LEAD TO QUALITATIVE
TRANSFORMATIONS IN THINKING

中国经济量变与
观察思维质变

黄志凌 著

THE QUANTITATIVE
CHANGES OF
CHINA'S
ECONOMY LEAD TO QUALITATIVE
TRANSFORMATIONS IN THINKING

人民出版社

目　录

　　　　　　　国际金融危机以后，随着中国经济体量快速增加，全球系统重要性影响日益增大，引起国际社会的广泛关注。正确理解这种关切，充分认识自身肩负的系统重要性责任，对于中国经济走向成熟具有战略意义。世界经济格局迅速变化，也引发了中美关系的深刻转变，使得美国的绝对优势面临前所未有的压力。为此，美国将战略重心从欧洲、中东转向亚太，2018 年进一步提出了印太战略的概念。虽然种种市场信号表明，美国与中国之间的贸易冲突是不可避免的，但冲突只是表象，中美经济地位变化引发的国家战略忧虑才是根本。历史回顾、现实分析、前瞻推演，我们感到中国处于前所未有的特殊战略机遇期。

中国经济升级过程中，经济观察者与政策制定者都遭遇了"成长的烦恼"，过去的经验和规律逐渐变得不再适用。研究发现，中国经济总量迈上新台阶之后，经济发展面临结构升级新课题，经济学家的观察思维也应随之升级。

2018 年全球经济和金融市场笼罩在不断升级的"贸易战"阴影中，引起各界对金融市场系统性风险的广泛担忧。中国作为美国贸易战的"重点关注对象"，不仅要全面评估贸易战对经济增长的直接影响，还要深入分析贸易战的间接影响，尤其是要关注金融市场剧烈波动可能诱发的金融危机。

中国地方政府债务风险，已经成为全球金融市场分析师甚至许多经济学家关注的话题。我们发现地方政府融资需求有其特殊性和复杂性，对于地方政府融资平台风险成因、风险程度判断与风险处置方法也不能简单一概而论。

发达经济体货币政策可能重回正常化 ………………………… 077

以美联储计划启动缩表为代表，全球主要经济体货币政策正在发生新的变化，体现出一定的趋势性。美联储缩表意向表明非常规货币政策已完成使命，发达经济体货币政策都面临调整。全球主要经济体央行货币政策回归正常化，也不是简单走老路。

下篇　思维质变是消除中国经济"成长烦恼"的金钥匙

国家意识的思维质变 ………………………………………… 115

——经济升级之后需要重点培养大国意识

随着经济体量增加和结构升级，当前中国经济在增长规律、调控方式等方面都呈现出与以往不同的特点，不仅宏观经济观察要有大国思维，宏观经济政策设计也要主动培养大国意识。

——破解投资困惑的关键在于提升企业先进技术获得能力

投资作为经济走势的领先指标，对于未来经济前景具有重大的战略意义。尤其是民间投资占中国投资份额接近六成，其快速下滑，不仅对国内经济增长造成较大拖累，也引发了市场的悲观预期，应该引起高度重视。破解投资困惑的关键在于提升企业先进技术获得能力。

——必须从国家战略层面认识蓄滞洪区湿地化

大江大河中下游地区尤其是入海口的"三角洲"地区，往往是经济中心密集地区。在大河流域的中上游建成许多水库，虽然降低了常规洪水的威胁，但对于超出库区能力的极端异常洪水，或者异常自然天气叠加国际地缘政治军事"极端化"威胁，洪涝灾害风险将成百上千倍地放大。经济越发达，经济水平越高，越要前瞻性地思考这种"极端的、系统重要性风险"的应对。在中下游建设蓄滞洪区以及蓄滞洪区"退田还湖"恢复湿地生态功能，具有重要意义。现代种植业革命，尤其是旱作农业技术进一步使得华北、西北干旱农业发展潜力巨大，传统思路的围湖扩大耕地、开垦湿地增加粮食供给的必要性显著降低。

银行经营的思维质变 ·· **160**

——能否准确把握经济趋势，考验大型银行"周期经营能力"

> 金融业界有这样的共识：小银行是经营客户的，而大银行
> 是经营战略的；大银行虽然也面临一定的客户风险，但战略风
> 险则是更致命的。

金融市场建设的思维质变 ································ **175**

——对衍生品和贵金属市场也应从国家战略角度深刻理解

> 经济越发达，衍生品和贵金属市场就越重要；银行越成熟，
> 衍生品和贵金属业务越稳健。中国经济正在转型升级，我们对
> 衍生品和贵金属市场也应从国家战略的角度进行深刻理解。

系统性风险的思维质变 ································ **201**

——应当重视并有效管理系统性金融风险形成机制中的市场
驱动因素

系统性金融风险防范必须重视并有效管理其驱动因素。基于国际经验分析并结合我国相关市场的发展情况，从整个中国金融结构变革的大视野出发，我们发现市场风险驱动因素管理对当前防范系统性风险具有现实重要性。

金融监管方式的思维质变 225
——金融监管的不可或缺性与监管改革方向

现代金融发展史，就是一部金融危机史，同时也是金融监管当局不断强化监管和金融机构寻求监管套利的相互博弈的历史。金融监管的不可或缺，既是金融危机的历史经验，也是金融逻辑的内在要求。监管缺失导致金融风险积累越过边界，是金融危机爆发的重要原因，20世纪以来的历次金融危机更是无一例外。金融自身的逻辑决定了市场机制纠偏的代价很大，需要政府以监管的形式介入，并要把握好处置方式与力度，最大限度避免风险处置次生灾害。

经济观察寄语

分析2012年以来经济运行数据，我们发现经济增长轨迹呈
现出的一些根本性变化，对于这种变化的战略意义，我们必须
要有充分认识和准备，因为适应并维护新通道经济运行，一点
都不比把握上升机遇或者应对危机挑战更轻松。

中国经济已经进入中高收入国家行列，"中等收入陷阱"并
非杞人忧天。尽管有关国家陷入"中等收入陷阱"的原因各不
相同，但是概括来看，严重的公权腐败是陷入"中等收入陷阱"
国家的共同特征。在跨越这一陷阱的国际实践中，根治"腐败"
从来都是无法回避的。

上 篇

中国经济量变相伴而至的"成长烦恼"

关注经济地位变化引发的国家战略忧虑

国际金融危机以后，随着中国经济快速崛起，世界经济格局变化引发了中美关系的深刻转变。中国与美国在经济总量方面的差距迅速缩小，而在军事、科技等方面，中国也取得了突破性进展，使得美国的绝对优势面临前所未有的压力。为此，美国在金融危机缓解之后已经明确将战略重心从欧洲、中东转向亚太，2018年进一步提出了印太战略的概念。尽管中国一直秉承与美国互相尊重、和平共处、合作共赢的原则，呼吁建立新型大国关系，但美国政府官方权威报告《国家安全战略报告》《国防战略报告》《核态势评估》等将中国视为主要竞争对手与威胁。虽然种种市场信号表明，美国与中国之间的贸易冲突是不可避免的，但我们也看到，贸易冲突只是表象，中美经济地位变化引发的国家战略忧虑才是根本。我们必须正视中国经济金融体量迅速增大带来的全球系统重要性影响，必须意识到中美之间的贸易摩擦不可能简单地通过贸易战来解决，必须认识到中国处于前所未有的特殊战略机遇期。

一、正视中国经济金融体量迅速增大带来的全球系统重要性影响，充分理解国际社会对于中国经济地位变化的关切

本次全球金融危机之前，中国占全球经济总量的比重相对不大，相应对全球的影响也较为有限，外界关心的是中国改革开放程度与前景，很少有人关注中国经济对世界的总体影响。但危机之后，中国经济发生了"逆袭"现象，在全球经济中的地位迅速凸显出来，一跃成为全球最大的商品贸易国家，并超越日本成为全球第二大经济体，许多经济指标更是位列世界第一，例如一些工业品和农产品产量，许多大宗商品需求也是全球第一，比如铁矿石、石油等。伴随中国在全球经济地位中的巨变，中国经济态势已成为影响全球的重要因素。2008 年全球金融危机时期，中国经济增速从10%以上降至6%左右，对此国际市场并无太大反应，但现在中国经济增速 0.1 个百分点幅度的波动、财政金融与产业政策的每次调整，都会引起全球市场的密切关注和迅速反应。因此，中国经济已具有全球系统重要性，我们必须尽快适应这种地位变化，用系统重要性思维来观察和处理一些市场关切问题。这是中国经济由"成长"走向"成熟"的重要表现。

简单回顾 40 年变化，足以让我们感受自身分量的责任与外界关注的必然性。与 1978 年相比，今日中国在经济总量、制造业产值、贸易总额以及外汇储备等综合指标方面，俨然已成为名副其实的经济大国。据世界银行统计数据，1978 年中国 GDP 仅有 1495亿美元，居世界第十位，到 2012 年中国 GDP 超过了 8.56 万亿美

元，位居世界第二位，而且部分省市经济总量或人均GDP已接近或超过许多中等发达国家水平。而根据联合国统计数据，2011年中国制造业产值为2.05万亿美元，首次超过美国，跃居世界第一，到2012年底，中国钢、铁、水泥、棉布等200多种工业品产值居世界第一，制造业大国的地位基本确立。

当前全球经济规模超过10万亿美元的只有中、美两国，其他的"经济大国"基本在1万亿—5万亿美元的区间内。2016年中国GDP总量已经超过日本、德国、英国和法国四国GDP总量的80%，不仅如此，2016年中国GDP的增量相当于荷兰一年的经济总量，而荷兰2016年在全球GDP排名中高达第18位。除了经济总量体现出来的经济大国地位，中国已成为全球第一大货物贸易国、第二大对外投资国和第三大外资流入国。过去美国经济一打喷嚏，全球经济就感冒；现在中国经济一打喷嚏，国际市场更会出现明显波动。因此，保持中国经济健康平稳运行，不仅对于中国自身发展战略意义重大，对于全球经济也具有"压舱石"效应。

伴随经济总量的快速扩张，中国金融地位的核心意义不再是简单的融资问题，怎样解决系统重要性金融监管、避免系统性风险外溢，已经成为国际市场关注的核心问题。

改革开放以来，中国金融业发展迅速，金融体系不断完善，金融市场规模明显扩大，金融业在经济发展和宏观调控中的地位越发重要。截至2016年底，中国金融业增加值占GDP的比重已超过美国、英国、德国、日本等主要发达国家。从动态角度看，中国金融业增加值占GDP的比重在2005年时仅为4%，但到2015年底这一比重已升至8.4%（2016年和2017年该比重出现微降，分别为

8.2%和7.9%），而美国和日本这一比值的历史高位分别在7.7%和8.5%。从微观角度来看，中国金融行业的上市公司利润占全部上市公司总利润比重达57%，在金融更发达的美国这一比重为45%。从金融结构上来看，2007年以来非银行金融机构资产规模快速扩张，非金融企业的金融活动更是井喷式发展，多层次、多元化金融市场快速发展，金融机构规模庞大、业务结构日趋复杂，不仅考验系统重要性金融机构自身的管理能力，更考验金融监管能力。

近年来，中国大型银行的规模扩张速度、业务综合化和全球化速度使其全球系统重要性迅速上升。尤其是金融机构"走出去"速度加快，国有大型商业银行海外业务规模扩展迅猛，资产总额、海外机构数量、利润总额均实现了快速增长，海外业务对集团的利润贡献度不断提升。目前，在全球系统重要性金融机构数量中，中国的占比已升至13%。

进一步观察利用外资与对外直接投资状况，中国已从资本净输入国，变成资本净输出国。2016年底，中国持有的国外资产总量达到了64665亿美元，中国对国外的负债为46660亿美元，持有国外净资产达18005亿美元，表明虽然中国是发展中国家，但中国对全球市场是净资本输出国家。中国资金流量表数据显示，自1992年以来，"国外储蓄"项除了1993年中国利用国外储蓄为正外，其余年份均为负，2008年中国利用的国外储蓄达到-29420亿元的历史峰值，显示中国持续处于国际资本的净输出状态。除此之外，中国引入的外商直接投资（FDI）速度已明显落后于中国对外直接投资速度，2015年中国对外直接投资额累计1456.7亿美元，增速18.32%，增速与投资规模均超过了FDI。随着中国资本账户的不断开放，人民币在资本与金融项下的可兑换性加强，中国内地资本市场日益成为全球资本配置的重要场所，未来基于中国原因的资本流动将成为驱动国际资本流动的重要因素。

中国市场的影响力持续提升，既要看到话语权在逐渐增强，还要意识到应该承担的国际责任。2016 年，上海、大连和郑州三家商品期货交易所共成交商品期货合约 41.19 亿张，同比增长 27.26%，约占全球商品期货与期权成交总量的近六成份额。中国大宗商品期货成交量已连续 7 年位居世界第一。整体来看，期货交易所国际化正在迈出坚实的步伐，例如上海黄金交易所于 2016 年 4 月 19 日推出了人民币"上海金基准价"定价机制，引起国内外市场高度关注。"上海金基准价"将更好发挥黄金市场人民币价格发现功能，提升人民币黄金市场活力，对加快推进黄金市场国际化、完善金融市场体系具有深远意义。

中国经济体量的增大是毫无疑问的，由此带来的影响是前所未有的。我们应充分理解国际社会对中国经济金融市场的关切，充分认识中国经济地位变化之后的国际影响，充分认识中国肩负的系统重要性责任。(1) 加强对中国经济与金融系统重要性的理解、评估、监测和监管，更加审慎的金融政策就显得十分必要。(2) 深刻理解并维护全球多边贸易体系、充分运用好国际规则，就成为应对"逆全球化"挑战的基础。(3) 深入观察、认真分析研究世界经济环境变化，对于现有国际经济治理结构的缺陷和改革方向提出建设性的意见，在国际政治、经济、贸易、金融等领域的交流中，多使用成熟经济体通用的国际语言（亦即大型经济体的"成人语言"），多基于国际同理心考虑问题，以彰显经济大国的责任与智慧。(4) 尽快转换经济增长方式，由出口拉动转向内需驱动，由追求经济增长的数量指标转向经济结构升级和高质量发展，努力做好自己的事情，保持中国经济平稳快速发展，降低风险溢出效应，最终使中国真正成为全球经济稳定基石。

二、以市场竞争思维应对不可避免的中美贸易摩擦

金融危机之前，中美贸易摩擦已经日趋激烈，但特朗普上台以后中美贸易摩擦正在演化成一场影响全球经济的"中美贸易战"。尽管这种贸易战还处在生成阶段，但很多人都在从贸易利害关系来分析中美贸易战的得失、可能性。我认为，中美贸易摩擦甚至贸易战争必须跳出眼前经济贸易的"小账"，着眼于中国经济地位变化之后的国家战略"大账"来分析。有人因为存在"杀敌一千自损八百"的决策底线，认为美国不会采取贸易战争行动，中国也不会采取对等的贸易战争手段。其实，这种军事决策理念不适合贸易战争决策。简单套用只能带来误判。

"杀敌一千自损八百"确实是军事上的理念，而且一直如此。毕竟人的生命是最重要的，人死不能复生。但经济上，情况比较复杂。我们看到许多企业家为了占领或守住市场而不惜血本。这里的血本是经济概念，不是人的生命。人的生命不可能"三十年以后又是一条好汉"，但商场上竞争失败之后东山再起的案例比比皆是。

中国新世纪之后加强国防科技现代化建设，目前的实力已经使主要挑战者面临"杀敌一千自损八百"的忌惮。这是极其英明的决策。美国今后会继续在军事上挑衅中国，但是否真的动武，取决于

中国军事实力，如果中国目前的"强军"势头保持下去，他们不会做"杀敌一千自损八百"的军事选择。但经济上却不尽然，人们对经济战争的感觉完全不同于军事战争。这就是为什么美国与西方国家在军事上对俄罗斯十分忌惮，但在经济制裁上却很"随意"。

中美贸易之战酝酿于中国加入 WTO 之后中国经济快速发展，然而真正让美国人关注并下决心不惜代价挑起贸易战争是在金融危机之后，中国经济地位实现弯道超车、美国面临前所未有的战略压力。这已经不是贸易逆差的"小账"问题了。我们应该看到，即使所谓的逆差问题解决了，美国的对华政策也不会从根本上调整，表明这是两个大国之间的国家战略竞争问题，贸易摩擦只是形式，国家战略冲突是根本，是不可避免的。对此我们必须有清醒的认识。

大型经济体之间在贸易领域的利益冲突是很正常的，中美如此，欧美、日美也是如此。过去，中国的经济体量较小，与世界主要经济体的贸易摩擦也很少，但随着经济体量增大，与主要经济体贸易摩擦将成常态。在全球经济较为疲软，商品需求不振的情况下，中国货物贸易出口的持续增长引发了部分国家的贸易保护主义。根据 WTO 和国家统计局数据，中国受到的反倾销调查数量明显随着货物贸易顺差的扩大而急剧上升。

中华人民共和国成立后的很长一段时间内，中国的国力相对美国来说是微不足道的，货物贸易进出口总额占世界货物贸易进出口总额的比例也很低。然而经过改革开放后的飞速发展，中国大幅缩小了和美国的差距。中国 GDP 占美国 GDP 的比例在 2012 年首次超过 50%，在 2014 年首次超过 60%。货物贸易总额占世界货物贸易总额多年持续稳定在 10% 以上。其中 2013—2015 年，中国货物贸易总额连续三年超过美国，成为世界第一货物贸易国家。虽然2016年中国货物贸易进出口总额被美国反超，但2017年中国重新成为全球货物贸易第一大国。尽管中美近几年来货物贸易进出口总额较为接近，但中国与美国货物进出口金额的结构完全不同。与美国相反，中国常年处于货物贸易顺差，且进出口差额呈上升趋势。据美国商务部统计，2017年美国对中贸易逆差3752.3亿美元，创历史新高。在美国看来，中国目前已经严重威胁到了美国的经济霸权地位。

过去，虽然美国和中国从来没有结为盟国，甚至称不上是战略伙伴，但在多个时期由于共同的利益而达成了实质上的战略合作。20世纪60年代到70年代，由于苏联试图控制中国政治、经济，使中国成为苏联的附属，中国和苏联的关系逐渐恶化，中苏联盟慢慢走向破灭并开始对立。70年代，美国在美苏争霸中处于劣势，急需一个有足够影响力的盟友。面对苏联的威胁，中国和美国开始

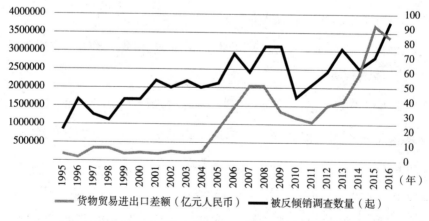

中国 1995—2016 年货物贸易进出口差额与被反倾销调查数量

数据来源：WTO、中华人民共和国国家统计局。

修复两国关系，尼克松访华后，中美双方在上海签订了《中美联合公报》，中美关系走向正常化，并于1979年正式建立外交关系。20世纪80年代起，欧美将劳动密集型产业向发展中国家转移。90年代起，中国逐渐成为世界代工厂。虽然在这一过程中国难以避免地承受了环境污染等一系列代价，但这也为中国制造业日后的发展打下了一定基础，帮助中国完成了从农业国向工业国的转型。南斯拉夫联盟大使馆被炸一度让中美关系跌入冰点。"9·11"事件后，中美在打击恐怖分子上达成的共识，再度让中美关系得到了缓和。2005年，美国副国务卿罗伯特·佐力克在一次关于中美关系的讲话中提出，要促使中国成为国际体系中负责任的利益相关者。回顾中美关系，只有共同的利益才能让美国在一定程度上成为中国的战略合作者。然而特朗普上台以来，其组建的政府认定中国在多个领域影响了美国的利益。2017年12月，特朗普发布了他上台后的首份《国家安全战略报告》，并在报告中将中国定位成美国"战略上的竞争对手"。

目前，中美两国经济体量及贸易往来情况与20世纪80年代的日美有相似之处。20世纪70年代，日本以出口带动经济发展。根据世界银行数据测算，日本GDP占美国GDP的比例从1970年的19.66%飞跃到1980年的38.42%。美国的经常项目赤字在80年代首次突破1000亿美元，而日本对美国的贸易顺差被认为是这一现象的主要原因。

美国随后采取了一系列手段减少与日本的贸易逆差。首先，美国在80年代多次使用贸易保护主义手段，逼迫日本在汽车、半导体、电信等行业开放市场或限制出口。同时，在美国的压力下，日本于 1985 年签订了《广场协定》。协定签署后，日元开始对美元疯狂升值。随后的几年里，日本股市和房地产市场的资产价格以远超GDP 增速的速度迅速上行，而日本的出口受日元升值影响遭到了重创。在日本资产泡沫被美国戳破后，日本经济从 1995 年开始一蹶不振，陷入低增长甚至负增长状态，直到 2010 年才恢复到 1995 年的水平。

因此，中美贸易摩擦虽然体现为中美两国在经济领域的争端，但从深层反映出的是两个超级经济体在国家战略和全球影响力层面上的竞争。应该看到，国际经济竞争甚至贸易战争毕竟不是军事对抗或军事战争，不能用军事战争思维来理解；经济利益冲突的解决思维，也不是军事战争思维，而是市场竞争思维。要认识到随着中国经济发展，中美贸易摩擦将是长期的、战略性的，美国意在战略遏制，中国意在战略崛起。大国经济战略博弈不能简单借用军事战争思维，经济利益冲突也只能按照市场经济规则和市场竞争方式去解决。

努力做好自己，是中国在贸易摩擦中赢得主动的基础。产品好，层次高，国际替代少，贸易摩擦概率就低，主动权就大。技不

中国 GDP、日本 GDP 占美国 GDP 比例（以 GDP 现价美元计算）

数据来源：世界银行。

如人时就要付出更多市场成本。过去，中国在贸易上受制于美国的一个很重要的原因是美国的许多产品在中国具有不可替代性。美国长期以来一直限制高科技产品对中国的出口。有很多高端产品，中国是经过与美国多次谈判并满足美国提出的一系列苛刻的要求后，才得以从美国进口。特朗普对中国至少 500 亿美元商品的征税计划中，主要针对中国出口美国的医疗器械、高铁设备、生物医药、新材料、农机装备、工业机器人、信息技术、新能源汽车、航空设备等《中国制造 2025》重点发展领域的产品征收关税。这并不代表着我国在这些领域的技术已经全面超越了美国，而是美国意图阻止我国在这些行业的产业升级和技术进步。近几年，随着中国现代制造业的崛起，许多美国商品已不再是中国市场的唯一选择。贸易数据表明，研发高层次、可替代性低的高端产品，有利于摆脱美国对中国的贸易制衡。也正因为如此，未来中美贸易战略博弈的焦点将集聚于高技术产品市场，而不是低端产品市场，其中知识产权问题将是战略博弈的核心。这既是中国经济的"软肋"，又是中国经济亟待弥补的"短板"，必须引起高度重视。

既然中美之间的贸易摩擦具有全球效应，中国就必须立足于全球市场研究竞争策略。在实力较美国还有一定差距时，我们需要打好迂回牌，正面佯攻、侧面迂回。在加强对国际惯例和国际协定的应用，和美国打好贸易仲裁的同时，我们可以跟中东欧在中端产品、跟欧洲在中高端产品全面加强合作。我们要发挥自己在基建、电商、移动支付等方面的优势，积极拓展全球市场，降低对美国的依赖性。这里想进一步强调的是，许多欧美日等发达国家大型金融机构和跨国公司的在华机构，都设有专职的中国经济学家岗位，及时深入分析研究中国经济趋势和市场变化，提供战略决策参考。这种做法值得中国已经"走出去"的银行和企业借鉴。

充分发挥市场参与者的作用。对政府部门而言，应做好权衡性政策预案。政策预案要集中在核心利益上，避免芝麻西瓜都不丢，尤其是尽量避免为低端保护付出过多代价。同时，政府部门应积极发挥企业家、行业组织、专业机构的作用。让市场主体冲在前面，政府部门跟在后面，这是惯例，效果会更好，也有利于提升我们的整体应对能力。一是在具体行业方面，企业家、行业组织和专业机构较政府部门更为接近市场，对市场的理解和认识更为深刻，对市场的变化更为敏感。二是企业家、行业组织和专业机构较政府部门而言，试错效率更高，且犯错的成本较低，而政府部门一旦犯错通常很难掉头。让行业的具体参与者冲在前面，将更有利于我国以市场竞争的思维解决经济上的利益冲突。

三、中国目前处于特殊战略机遇期，应该作出特殊的战略选择

为什么要关注战略机遇期？这是因为战略机遇期很重要。对于大国来说，能否识别战略机遇期，能否正确判断战略机遇期的特点和期限长短，及时抓住机遇、把握核心优势、避免致命失误，对于国家兴衰存亡是至关重要的。

战略机遇期是指有利于实现自己预期战略目标的外部环境供给与内部需求支撑，而且具有较长的时间区段，较宽的政策操作空间。若从此角度来判断，我国仍处在战略机遇期内，但与危机前相比，后危机时代的战略机遇期具有显著的特殊性。

回顾中华人民共和国发展历程，我们首先面临的是第二次世界大战后东西方两大阵营对峙格局，严峻的外部环境使得我们的政策操作空间十分局促；进入 70 年代以后，苏联开始放缓对华高压政策，美日对华态度也出现积极变化，伸出橄榄枝，我们及时抓住机遇积极进行外交战略调整，终于在 80 年代迎来了前所未有的经济发展战略机遇期，通过果断实施改革开放政策，收获了历史性的巨大红利，尤其是 90 年代建立社会主义市场经济体制的改革红利和 21 世纪初加入世界贸易组织带来的全球化红利，使中国从低收入国家快速步入中等收入国家行列。

也就是说，从 20 世纪 70 年代末以来，我国准确判断国际政治经济环境变化特点及其趋势，敏锐捕捉到一个较长的战略机遇期，果断实施改革开放，大量引进西方技术、人才和管理经验，不仅实现了从计划经济体制到社会主义市场经济体制的转变，而且还加速释放改革开放和社会主义市场经济红利，生产率得到快速提升，迈出了现代化建设的坚实步伐。进入 21 世纪后，我国再次及时抓住全球化的有利时机，以加入 WTO 为契机，加快经济增长步伐。2003 年至 2007 年期间，全球经济平均增速达 4.75%，全球商品贸易额年均增长 16.5%，均为 20 世纪 80 年代以来最快的。同期，我国对外贸易和利用外资年均分别增长 28.5% 和 9.65%，GDP 年均增长 11.65%。

由此可见，20 世纪 70 年代末作出的，中国将面临一个长达 30 年（甚至可能还要更长一些）战略机遇期的判断是敏锐的，为此做出的战略选择与策略安排是英明果断的。经过 40 年的改革发展，中国经济已经成长为名副其实的大型经济体，已经拥有了庞大的市场空间，已经能凭借经济总量、某些领域的技术优势、相对丰裕的资本与金融实力、广袤国土与多样化地质资源禀赋以及不断进步的军事实力等，使我们不仅有能力适应战略环境变化，也使我们具备了一定的主动营造战略机遇期的能力。尤其是2008年全球爆发了20世纪30年代以来最严重的金融危机，深刻改变了国际经济格局。在金融危机期间，美国国力及国威均大受冲击，许多发达国家也"深陷困境"，中国则主动采取战略作为的策略，实现"弯道超车"。但我认为用"机遇超车"来形容应更为准确，即在别人停滞甚至衰退的情况下，自己能够抓住机遇，保持相对较快的速度，并成功实现超越。也许正因为如此，不少学者甚至市场人士都认为，中国还将面临一个外部环境和内部支撑都十分有利的战略机遇期。我们在深入观察之后发现，当前外部环境与内部支撑虽然与过去被动适应的战略机遇期不同，现在的中国手中已经拥有了不少有价值、有分量的好牌，但世界经济格局的变化使得当前战略机遇期的复杂性和不确定性明显上升，如果一定要说存在一个战略机遇期的话，也只能说我们面临一个特殊的战略机遇期。

首先，当前国际环境既与20世纪80年代不同，也与21世纪金融危机前不同。苏联解体后，世界从冷战时期的两极对抗转向美国一极独大，虽然中、俄、欧、日及新兴市场经济体呈现多元化演进态势，但没有任何一个经济体能够对美国的绝对地位构成挑战。然而，2008年金融危机后，在美国经济和金融受到重创的同时，中国在全球经济中的地位却快速提升。根据前面提到的世界银行报告，2016年中国GDP总量已超过日、德、英、法四国GDP总量的80%，而危机前这一占比还不足30%，由此带动亚洲GDP占全球比重也升至 34%，同期北美 GDP 占比则降至 28%，欧洲占比仅为 21%。世界经济版图这种空前的调整，必然引起世界政治格局的变化，尤其是中国力量的快速成长，对美国在全球治理、经济贸易优势等方面形成的压力也越来越大，由此引起美国国际战略的迅速调整。实际上，美国已经着手通过实施政治、军事上的"亚太再平衡"战略，力图打造"亚洲小北约"来围堵抗衡中国，在经济上则和日本联手推出"TPP"将中国排除在外。虽然特朗普政府因国内经济因素，暂时放弃了"TPP"，但并不意味着其对华战略就发生了根本性逆转。如果美国经济按照目前的速度顺利复苏，预计其战略重点将在五年后就会从经济优先，再次转向国际地缘平衡优先。

其次，本次危机后，预计发达经济体由全面推动全球经济一体化转向有选择地推动和保护，追求货物贸易平衡，服务贸易自由，高技术投资保护。相应新兴市场将在发达经济体有选择的全球经济一体化政策影响下出现分化，例如印度将逐渐成为影响国际政治与资本流向的重要因素。目前无论发达经济体还是新兴市场国家，均既想借助于中国市场空间与资金实力帮助其尽快摆脱困境，但同时遏制中国快速发展思潮也在不断升温，除了加大对中国的高技术封锁，美、欧、日等发达经济体拒绝承认中国市场经济地位，提高中国产品进入发达国家市场的壁垒，经常性祭起"双反"调查，对中国产品征收高关税，贸易摩擦不断加大。同时美、欧、日还调整针对新兴市场国家的策略，尤其是拉拢周边一些国家与中国抗衡。因此，未来中国需要处理的国际政治经济挑战要远远大于国内问题。

再次，2012 年以来我国国内形势也发生了一些前所未有的深刻变化，中国的经济水平已经迈上新台阶，但最终跻身发达的高收入国家行列并非易事。可以说中国的经济蛋糕已经足够大，但仍有严重的群体性贫困与区域性落后，虽然分配改革早已提上日程，但因涉及广泛利益调整的分配改革，其难度是空前的；低端落后产能过剩与高品质需求得不到满足并存，加速技术进步，推动经济升级将成为长期战略；GDP 总量增长与环境、效率都很重要，当它们发生矛盾时，环境保护、资源利用和经济效率，应该被置于优先地位，这些新的发展理念对于地方政府和企业都是巨大考验；现实经济困境、经济矛盾根源于改革开放以来形成的既得利益体制，改革必要性、紧迫性自不待言，但需要面临前所未有的改革难度与阵痛，由此带来的社会、经济、市场波动，必须也应该有充分的估计和准备。

最后，继国际经济格局变化之后，国际政治格局也开始调整，世界格局已经从冷战结束后美国完全可以随心所欲，动辄动武干涉别国内政的时代，转入美国虽不能完全随心所欲但仍可主导的时代。最明显的变化是美国将国际战略关注重心转移至亚太地区，具有很强的指向性，但在具体的行动依据方面则反复解读某些国际法或国际惯例，在策略方面也很顾忌区域国家的反应。与此同时，一些发达国家尤其是日本、欧洲主要国家积极配合美国在国际敏感的边缘地带，利用利益交会点，通过制造麻烦博取利益。这一变化已经成为当前大国博弈的主要特点。

因此，进入后金融危机期间，上述变化不仅没有缓解，反而进一步强化，直接影响就是中国遇到了前所未有的战略调整困境，我们不得不关注金融危机以来中国战略机遇期的性质变化与战略机遇期红利消耗的潜在风险。首先在国际层面，美国"亚太再平衡"战略和逆全球经济一体化战略，已经开始给中国的国际发展空间造成巨大的压力和阻力；其次在国内层面，国内发展的焦虑逐渐转化成政策选择压力，这些焦虑包括经济增长速度焦虑、经济转型焦虑、经济改革焦虑、金融发展风险焦虑、分配公平焦虑和社会清廉建设焦虑等。无论从国内形势还是国际环境看，改革开放以来我们曾经历的长时期黄金战略机遇期已经很难再现，代之只能是隐蔽性极强、持续期不确定、局势更复杂的特殊战略机遇期。我国必须主动积极适应这一变化，尽早筹谋，果断变被动战略适应为主动战略安排。尤其是这次特殊战略机遇期持续时间不会很长，我们必须果断做出选择，千万不能把宝贵的战略机遇期白白浪费掉，抓准时机培育我们的核心优势，继续大幅增强我们的战略平衡能力和本事。

必须看到，中美关系是特殊战略机遇期内的核心问题，处理好以中美关系为核心的国际关系，不仅是策略选择，更是战略智慧。

当前特殊战略机遇期内已出现了很多新问题，发生了很多新变化，需要我们更深刻理解 2016 年美国大选后的政策变化，准确判断英国脱欧之后欧洲政治与经济的变化，客观看待亚洲市场的凝聚力及其在全球市场的地位，全面把握各种变化背后的美国因素。虽然我们要重点关注中美战略关系的新变化，但我们更关注当前中美关系的相对平衡状况到底能维持多长时间。我们认为，中美矛盾的成因既有两国经济差距缩小、力量此消彼长的经济因素，也有意识形态分歧、立场原则不同的价值观因素；既有国际利益格局调整、地缘政治格局变化的外部因素，也有发展阶段差别、国内主要矛盾不同的内部因素；中美关系是否出现根本性转折，取决于金融危机以来美国国内积累的政治经济矛盾是否真正解决，中国国内的政治经济向好态势是否一直保持下去。一旦美国国内问题迅速缓解，或者中国经济与市场引力不断减弱，中美关系的这种"弱平衡"就有可能被打破。可以预见，未来美国两党认识分歧一定会缩小，待其国内经济问题解决后，美国的国际战略优先级别必将会提升；而中国可以主动掌控的只能是努力做好自己的事情，尽可能实现美国经济复苏以后中美关系保持相对的动态平衡。

就目前的国际经济贸易环境而言，尽管现有国际经济贸易规则大部分是由美国主导的，许多国际经济或金融机构也是由美国左右的，一些规则和政策对于中国并不公平，甚至是明显歧视，但我们重打锣鼓另开张的时机还不成熟，不仅是经济实力不够，关键是我们的设计能力、驾驭能力还远远不够。因此，研究现有国际规则，熟悉现有国际规则，遵守现有国际规则，运用好现有国际规则，不仅是处理当前中美关系的策略选择，更是战略智慧。在策略上继续扩大开放，增强中国经济的市场吸引力至关重要。一个国家在国际上的政治地位往往取决于其国内市场引力大小，市场引力越大，话语权和影响力就越大；市场引力下降，话语权和影响力就不断丧失。与前期我们主要依靠市场换资金不同，在特殊战略机遇期内除了保持必要的速度和规模之外，我们需要更加倚重开放市场换取先进技术与管理、实现结构优化与经济升级。

一方面，必须积极主动地处理好中美关系。美国变量是核心因变量，能否处理好中美关系，事关新挑战最终能否转换成战略机遇关键。更长的和平环境有利于中美双方发展，我们应积极对美国开放我们的优势市场，使之成为美国经济恢复的战略依赖；同时我们要善用美国庞大的中高端消费品市场、潜在的基建市场，实现我们的优势巩固与结构升级，促进国际治理改革与进步。具体策略安排上，既要继续加强更多的沟通交流（尤其是了解美国政策制定的特殊机制、提升沟通交流的针对性与有效性）增进了解，提高对非核心利益分歧的容忍度；也要努力推动中美双方变警惕为正视，在保持互相威慑实力的同时，降低误判与盲动，确保双方远离核心利益红线，避免战略对抗，积极寻求战略合作。

另一方面，妥善处理与其他经济体的关系，拓宽国际关系基础。在中欧关系方面应突出经济观，增强内在联系；兼顾价值观，减少一些不必要的冲突；避免评论欧美关系，坐观其变。在亚洲的策略重点，应实施中国与东盟的错位发展策略，与日韩的产业链耦合策略。与西亚和中东政策的重点应放在资源产能合作与基础设施建设上。与中东欧的政策重点应放在中高端产品技术合作与基础设施建设上。与大洋洲的政策重点应放在矿产资源、农业资源与海洋资源的合作上。与拉美政策的重点应放在资源与市场开放合作上。

最后还要强调的是，必须抓住稍纵即逝的战略机遇期，果断迅速升级我国经济。解决我国当前诸多现实问题，进行长远发展战略安排，必须把提高供给体系质量作为主攻方向，必须坚定自身发展战略不动摇，迅速升级中国经济和最大限度让人民分享发展成果，是增强中国经济核心竞争力、取得人民广泛支持的坚实基础。中央提出的推进供给侧结构性改革就是着眼于优化经济结构、促进技术进步、提高全要素生产率、进一步解放生产力等中长期的一系列优化改进措施。当前，要抓住稍纵即逝的战略机遇期，加快发展先进制造业，推进互联网、大数据、人工智能和实体经济的深度融合等，促进我国产业迈向全球价值链中高端，培育若干世界级先进制造业集群，显著增强我国经济质量优势。努力进一步提高人均劳动生产率，全面提高国民经济各领域各层面的素质，找出并填平在以往高速增长阶段被掩盖或忽视的各种低效率洼地，适应高质量、高效率现代化经济体系建设的需要，加快劳动力数量红利到质量红利的转换。加快政府职能转变，精简机构、深化改革，提升效能，既要解决政府职能"交叉与越位"方面的问题，更要解决市场监管"缺失与不足"的问题。

经验失灵与观察困惑

2012 年以后，中国经济运行发生了一系列前所未有的变化：经济水平提升很快，经济增长空间仍然很大，但增速放慢；经济发展开始追求质量，更低消耗与更高产出的增长方式正在形成，但低端落后过剩产能的淘汰过程面临前所未有的痛苦；经济发展开始呈现新趋势与规律，一方面是货币多，另一方面是资金紧，传统的政府行为与政策工具的效应递减。中国经济遭遇了"成长的烦恼"，过去的经验和规律逐渐变得不再适用。研究发现，中国经济总量迈上新台阶之后，经济发展面临结构升级新课题，经济学家的观察思维也应随之升级。

一、传统金融闸门对宏观经济调节失灵，源自金融结构变化，金融改革应有新思维

全球金融危机之前的几十年，我国宏观调控最有力也最有效的手段就是透过"银行信贷"来对经济运行进行精准调控。市场观测银行信贷的松紧程度，可以准确地把握宏观调控政策取向；中央政府通过灵活调节新增信贷规模来调控经济冷热。然而，近年来这个闸门似乎不灵了，加大闸门开启力度，未能带来期望中的立竿见影效果，反而导致杠杆风险积累；拧紧闸门对于一些资产泡沫（尤其是房地产泡沫和金融市场泡沫）也未能取得意想中的收敛作用。对于传统金融闸门的宏观经济调控失灵现象，社会各界从不同的角度进行了解析。我们在研究中发现，传统金融闸门失灵的根本原因是我国金融结构发生了重大变化，社会融资渠道多元化，"银行信贷"在整个社会融资规模中占比不断下降，仅仅观察银行信贷新增规模难以判断银根松紧；同样道理，仅仅控制银行信贷这个总闸门，也难以实现宏观调控目标，还可能陷入南辕北辙的困境，增加经济运行中的潜在风险。

20 世纪末，我国银行新增信贷（包括新增人民币贷款和新增外币贷款）占到了整个社会融资规模的 90% 以上，控制了银行信贷就等于控制了社会融资规模。进入 21 世纪，特别是全球金融危机以来，随着多元化、多层次金融市场建设步伐不断加快，在社会融资规模中直接融资的占比快速增加，间接融资比重下降的趋势十分明显。2013 年社会融资规模存量中，银行贷款的占比一度降至 54.7%。近年来，中国人民银行加强了对金融体系的信贷引导，新增银行贷款占社会融资总量的比重有所回升，但金融格局没有改变。从趋势上来看，2006 年底全社会融资余额为 26 万亿元，其中本外币信贷融资余额 22.5 万亿元，占比 87%；以股票和债券为主的直接融资余额 1.5 万亿元，占比 6%；以信托贷款、委托贷款和票据为主的非银行融资余额 2 万亿元，占比 7%。而 2016 年底全社会融资余额为 156.5 万亿元，其中本外币信贷融资余额 108 万亿元，占比 69%；以股票和债券为主的直接融资余额 24 万亿元，占比 15%；以信托贷款、委托贷款和票据为主的非银行融资余额 24.5 万亿元，占比 16%。过去十年间，信贷融资占全社会融资的比重累计下降了 18 个百分点。

除了股票与债券以外，大量企业还借助商业信用来降低对银行信用的依赖。2016 年工业企业应收账款平均回收期比 2015 年延长了 10 天；2016 年第三季度，电子商业汇票出票笔数和金额当季同比增速分别高达 53% 和 76%。不仅如此，非金融企业直接融资井喷式发展，金融市场对于银行信贷的依赖程度在降低。据统计，2016 年网贷平台累计成交量超过 2 万亿元，比上年增长 110%。这些平台虽然目前在整体社融中的占比很小，但是借助互联网技术，其发展的速度备受瞩目。许多非金融企业的金融资产已经超过主业资产。

即使是在银行业，资产结构也发生了一系列的变化，使得信贷闸门的效用大不如前。一是传统大型银行资产占比下降。观察不同规模的银行总资产变化，大型国有银行的资产在所有银行资产中的占比由 2010 年的 66.5% 逐年下降至 2015 年的 54.9%，已经逼近 50% 的整数点位，而同期中型银行和小型银行的资产占比分别提升至 24.9% 和 20.1%。二是大型银行中信贷资产占比持续下降。20 世纪八九十年代，大型银行信贷资产占比一般达到 80% 左右，2004—2007 年降至 55% 的水平，近年来进一步下降，2016 年三季度占比仅为 47.9%。三是居民贷款占比显著提升，企业贷款占比下降。2005 年，居民户与企业部门获得银行贷款之比是 13：87，2016 年三季度变为 48：52。有些银行不仅新增资产中贷款占比低于 50%，而且个人住房按揭贷款占了新增贷款三分之二以上。四是银行理财产品资金增速迅猛，尤其是同业投资占比增速迅猛，从 2014 年 6 月的 4.07% 猛增到 2016 年 6 月的 15.28%。五是中小型银行脱实入虚更严重。就银行体系而言，对非金融机构和其他居民部门债权，是反映经营偏好"虚与实"的试金石。2010 年 6 月底，大型银行、中型银行和小型银行对非金融机构和其他居民部门债权占其总资产比重依次为 51.1%、59.4% 和 55.6%；2016 年 6 月底，这个比值依次为 56.1%、49.5% 和 44.5%。

还应该特别关注的是，多层次金融市场快速发展，金融机构也呈现综合性和多功能特征，金融机构内部交易外部化、内部管理市场化，银行、信托、证券、基金、保险业务相互交叉，商业银行表外业务、影子银行、互联网金融信息平台和各类型资产交易平台纷纷涌现，金融体系发生了深刻变化，呈现出金融机构"跨行业"、金融产品"跨领域"、金融业务"跨市场"、互联网金融"跨平台"、地方金融"跨区域"、金融市场"跨国界"等特征，分业监管体制面临重大挑战，监管空缺、监管套利行为、金融欺诈风险上升、消费者权益保护不力，甚至洗钱等违法金融活动已经成为社会关注热点。

在目前金融结构下，金融风险呈现跨市场、跨领域的特点，交易主体不断增多，交易链条不断加长，杠杆不断升高，风险之间的交叉性与传染性不断增大，系统性风险不断上升。根据全国银行业理财信息登记系统、银监会、证监会、保监会、证券基金业协会等发布的资料初步分析，截至 2016 年 9 月底，各类跨市场业务（主要包括理财、信托、基金、券商资管、保险资管等）规模达到 102 万亿元（未剔除重复计算），较上年末增长 20%，分别是同期信贷增速和 M_2 增速的 2 倍和 1.7 倍左右；占 GDP 比重由 2014 年的 90% 上升至 2016 年三季度的 142%。

综上所述，传统金融闸门对宏观经济调节逐渐失灵是一系列结构性原因所致，我们必须拓宽观察视野，也必须立足于新的金融结构，不断完善宏观调控体系[1]。

一是进一步完善银行体系的宏观调控体系。伴随社会融资结构、银行资产结构以及金融新业态的快速发展和变化，仅仅依靠管住银行信贷这个闸门，"按下葫芦浮起瓢"的局面难以避免，货币政策有效性、前瞻性和及时性都被大幅削弱。

2016 年，人民银行已经开始建立并实施宏观审慎评估体系（MPA），可以说是我国金融货币环境监测的大进步，建议在 MPA 基础上，尽快将覆盖银行全面风险的监控体系完备起来，将货币政

---

[1] 《21 世纪经济报道》（2018-01-18）消息：根据穆迪统计，由于 2017 年中国的名义 GDP 增速自 2012 年以来首次超过影子银行资产增速，导致影子银行占 GDP 的比例从 2016 年底 86.5% 的峰值降至 2017 年 6 月的 82.6%。

受到严格监管影响，理财产品对接资产、财务公司贷款、民间借贷等规模在 2017 年出现下降。截至 2017 年底，基金管理公司及其子公司、证券公司、期货公司、私募基金管理机构资产管理业务总规模约 53.6 万亿元，规模增速由 2016 年的 35.58% 大幅降至 2017 年的 3.49%。其中，基金公司及子公司专户、券商资管、私募基金规模分别下降了 17.6%、4.4%、11.1%。

与之相反，体现在社会融资规模中的信托贷款创下历史新高。根据央行数据，2017 年委托贷款增加 7770 亿元，同比少增 1.41 万亿元，占比从 2016 年的 12.28% 大幅度萎缩至 4%，创 2004 年以来新低。而 2017 年信托贷款增加 2.26 万亿元，同比多增 1.4 万亿元，占社会融资规模比重高达 11.6%，达到有统计数据以来的新高。

策的核心着力点由目前的银行信贷规模尽快转为银行风险总敞口（包括表内和表外），从而实现货币政策对银行体系调控的及时和有效。

二是尽快建立对类银行金融机构的有效调控体系。伴随互联网技术发展、市场化改革推进和居民理财观念变化，中国金融新业态得以快速发展，既满足了社会多元化的金融资产管理需求，也提升了资金配置效率。然而，大部分新业态主体金融行为仍然是借助各种方式募集社会资金，再将募集资金进行配置和运营，其金融本质与传统银行并无太大区别，应该定义为"类银行金融机构"。目前，无论是现有的法律制度，还是监管体系，对于这些类银行金融机构的监管基本处于空白状态，存在巨大的风险隐患。因此，建议比照银行体系的法律制度和监管要求，尽快地将类银行金融机构纳入宏观审慎评估体系，提出资本与风险拨备要求，将类银行金融机构的风险总敞口纳入货币政策管控范围。

三是研究建立对金融机构的行为监管体系。无论是银行的资产负债结构，还是类银行的资产配置结构，在利益驱动下可能会使风险偏好发生严重扭曲，甚至在其资产配置策略中会增加投机考虑，博短线的金融行为会对冲宏观调控政策效果。所以，即便是在总量控制上能够抓住"风险总敞口"这个牛鼻子，但仍不能完全覆盖结构因素引起的行为风险。因此，无论未来金融监管采取何种组织架构，都必须建立针对各类金融行为的评估与监管体系，并基于评估结论提出差异化的资本要求，甚至处罚决定。强化金融行为合规性监管，包括信息披露要求、反洗钱、反欺诈误导、个人金融信息保护、反不正当竞争，打击操纵市场和内幕交易，规范广告行为、合同行为和债务催收行为。加强金融业消费者保护，提升金融机构的诚信意识和消费者的诚信意识，促进公平交易，维持市场秩序。对于严重金融违规、市场欺诈、扰乱金融市场秩序等行为，强化监管机构调查和处罚权力，做到执法必严、违法必究。

二、如何看待和解决金融"脱实向虚"问题？建立"抑制金融运行泡沫化"的监管机制很重要

2011 年以来，中国经济增速持续下行与中国金融业"井喷式"发展同时并存，引发了人们对金融与实体经济的关系广泛关注，而这个问题的实质是如何看待和解决金融"脱实向虚"问题。

首先，金融为什么会出现严重的"脱实向虚"？

这个问题从常理上难以解释。人们往往用"舟与水"的关系来形容金融与实体经济之间的关系。离开了水，舟就没有存在的价值；即使有水，小水也难行大船。然而，在实践中我们确实看到金融严重脱离实体运行的客观事实，在不符合常理的背后，其实是有原因的。

金融业之所以能够严重脱离实体经济继续运营，甚至有的时候是乐此不疲，我想主要原因是人为制造了可以支撑金融之舟运行的"金融泡沫"，而且在客观上这种金融泡沫能够迅速地抬升金融之舟，而且即期市场驱动力要比实体经济大得多。但是这种在泡沫之上金融之舟的运行风险要远远大于实体经济之水上运行风险。原因很简单，泡沫容易破灭，金融之舟随之也会摔荡破碎，而且是致命的，属于瞬间致命的猝死，这是与在实体经济之水上的运行风险是

完全不同的。我想这也是全国金融工作会议上强调"金融要回归本源，金融要把为实体经济服务作为出发点和落脚点"的根本原因之所在。

其次，到底应该怎样认识"金融泡沫"？

金融市场上存在一定的"金融泡沫"是不可避免的，但如果出现金融泡沫化运行，致使金融严重脱离实体经济"空转"，其危害是巨大的：一是扭曲资源配置，大量货币资金从实体经济领域转向金融市场逐利，各界热衷于"热钱""快钱""短钱"，进而导致经济结构失衡，这正是目前中国金融发展与实体经济失衡的重要表现之一；二是金融泡沫很容易破灭，几乎每次金融泡沫破灭都会引发程度不同的金融危机，严重的时候还会引起经济危机。金融泡沫不可能无限膨胀，是有市场边界的，而且金融泡沫有着天生的政策敏感性缺陷，这是常识。一旦金融泡沫超过市场边界或面临宏观经济政策调整，金融泡沫破灭是必然的。从实践上看，一旦金融泡沫破灭，首先导致相关金融机构猝死，然后通过金融市场波及其他金融机构，风险开始快速跨市场、网络式地蔓延，酿成金融危机；任何金融危机都会引发金融收缩，最终迅速波及实体经济，严重时会引起经济衰退。2008 年美国次贷危机到之后的金融危机，最终引发全球经济危机，就是沿着这样一条路径。而近年来发生在中国的"钱荒""股灾"等金融市场波动，虽然被我们及时地抑制在危机之前，但也必须引起我们认真反思。

最后，怎样才能使金融回归服务实体经济的本源？

全国金融工作会议就防范金融风险、加强金融服务实体经济问题提出了"回归本源、优化结构、强化监管、市场导向"的基本原则，具有很强的针对性和长远的战略意义。我理解"回归本源"就是回归金融与实体经济的逻辑关系，关键在于建立"抑制金融运行泡沫化"的监管机制，包括建立金融泡沫评估体系、金融泡沫预警体系、金融泡沫应对与处置预案。只有这样，金融之舟才不会偏离航向，才会持续运行在实体经济的海洋上。需要强调的是，监管部门在应对具体金融市场波动、具体金融事件时，还是要沉着冷静，需要在市场关联、舆情信息、政策措施等方面进行相应权衡，加强与市场的沟通，争取在市场沟通中由市场"自我消化"，避免在解决问题时采取过激措施，以及由此产生的潜在风险。如何权衡，如何沟通，考验监管当局的政治智慧和市场智慧。

三、重要经济区域统计数据疑惑可能映射地方经济动力疲弱

2018 年上半年，广东、江苏、山东、浙江四省 GDP 占全国比重为 37.36%，社会消费品零售总额占比 34.91%，工业企业利润占比达 40.84%。由于上述地区的经济体量巨大，其经济指标变化不仅直接影响全国水平，还因它们与其他省市间经济关系而产生放大效应。一些媒体对于主要经济大省发布的经济数据提出质疑，虽然存在部分理解错误，但近期权威发布的统计数据难以理解，确实让专业分析人士也很困惑。

其一，不少分析者对工业企业个数指标提出了疑问。2018 年 7 月，江苏省工业企业个数为 45494 个，2017 年 7 月工业企业个数为 47955 个，比去年减少了 2461 个。同期，全国工业企业个数从 379887 个下降到 373939 个，减少 5948 个。事实上，工业企

个数这一指标一直不太准确，因为统计口径受很多因素影响，历史上也有过变化非常大的时候，例如 2010 年 11 月国家统计局公布的工业企业个数为 452538 个，到 2011 年 2 月大幅下降为 305790 个，下降幅度超过 30%。究其原因，主要是统计局会定期对规模以上工业企业范围进行调整，一些不符合统计标准的企业被清理出库，还会剔除跨地区、行业的重复数据，尤其是对集团企业内部的统计口径进行调整。因此，企业个数数据对判断工业增长情况并不是十分有用。

其二，对工业企业亏损情况的不同认识，但从公布的工业企业亏损个数来看，2018 年上半年亏损面扩大应该是事实。考虑到在同一时间点上亏损企业统计和企业个数统计是一个口径，我们看到四个省的工业企业亏损面明显增大。2018 年前 7 个月江苏省亏损面为 18.6%，比上年同期扩大 4.2 个百分点；广东亏损面为 20.7%，扩大 3 个百分点；浙江亏损面为 20.9%，扩大 4.8 个百分点；山东亏损面为 12.9%，扩大 4.9 个百分点（值得注意的是，山东省工业企业亏损面明显低于其他三个省份）。四个省份的亏损工业企业个数比去年同期大幅增长，例如江苏亏损企业数 2017 年 7 月是 6918 个，2018 年 7 月增加到 8472 个，广东则从 7573 个增加到 9792 个，企业亏损面明显处于近年最高水平。

其三，工业企业利润数据让社会公众和专业分析人员都很疑惑。从全国数据看，2018 年前 7 个月工业企业利润总额 39038 亿元，2017 年前 7 个月为 42481.2 亿元，绝对额下降 3443 亿元，但统计局发布的同比增速为 17.10%。同样的事情也表现在分省数据，例如，江苏省 2018 年前 7 个月工业企业利润总额为 4664 亿元，上年同期为 6134 亿元，下降 1470 亿元，但公布的同比增速为 9.12%。这些数据差异引起了大家疑问。统计局 8 月份给出的解释是，2018年工业统计数据有几个大的变化：（1）根据统计制度，每年定期对规模以上工业企业调查范围进行调整，有部分企业达到规模标准纳入调查范围，也有部分企业因规模变小而退出调查范围，还有新建投产企业、破产、注（吊）销企业等变化；（2）加强统计执法，对统计执法检查中发现的不符合规模以上工业统计要求的企业进行了清理，对相关基数依规进行了修正；（3）加强数据质量管理，剔除跨地区、跨行业重复统计数据；（4）"营改增"政策实施后，服务业企业改交增值税且税率较低，工业企业逐步将内部非工业生产经营活动剥离，转向服务业，使工业企业财务数据有所减小。但仔细分析之后发现，第一个因素每年都会有，理论上每年度这个调整因素影响差不多，不足以解释 2018 年数据的大幅偏离；关于第二个因素，如果确实是由于统计执法引起的，那么只能证明之前年度数据有水分；关于第三个因素，重复统计数据确实会引起利润的虚增，也是说明之前年度数据有水分；第四个因素会导致原来在工业企业利润中统计的部分数据转向服务业企业利润，但无论是国家统计局还是省统计局，都没有单独公布服务业企业利润绝对额数据，只有累计同比数据，无法验证有多少数据差异是因为从工业转向了服务业。如果从分行业的 GDP 现价季度数据来看，2018 年 6 月与 2017 年 6 月相比，工业、建筑业、交通运输和仓储邮政业、批发与零售业、住宿与餐饮业、信息传输、软件和信息技术服务业、其他服务业等主要行业的 GDP 数据并没有明显结构性变化，说明工业企业统计的行业调整并没有反映在 GDP 统计数据中，很难通过相关数据佐证行业调整的影响因素。

其四，省际民间投资增速分化明显，数据透明度和准确性需要提高。2018年前7个月，全国固定资产投资完成额355798亿元，去年前7个月337409亿元，同比增长5.5%；民间投资完成额222649亿元，去年同期204640亿元，同比增长8.8%。全国的数据看起来非常清晰，但从各省民间投资数据来看却有令人困惑的地方。一是民间投资数据的透明度不如以往。在2017年底之前，江苏、广东、浙江都按月公布民间投资的绝对额数据和增长率，从2018年开始只能看到增长率的数据，绝对额数据分别都只看到个别月份的值。二是从能够找到的少量民间投资额数值看，增长率数据也存在疑问。江苏省2018年前7个月民间投资累计同比增长11%，比去年同期提高3.8个百分点，是一个非常亮眼的数据，但按照公布的绝对额的数据，2018年前6个月民间投资额为14678亿元，上年同期为16740亿元，同比下降12.3%，而公布的同比增速却为11.5%（让人很难理解的是2017年12月份之前公布的绝对额数据与增长率数据是基本匹配的）。同样的情况也出现在了广东，2018年前7个月民间投资增速为10.7%，比上年同期下降了2.9个百分点，但按照其公布的前5个月的民间投资额6802亿元，反而比去年同期下降了1.4个百分点，而2017年12月份之前公布的绝对额数据与增长率数据也是基本匹配的。三是省际民间投资增速分化严重。浙江和山东2018年都没有公布过民间投资的绝对额。从增长率数据看，浙江2018年前7个月民间投资同比增速16.50%，比去年同期提高3.1个百分点；山东前7个月民间投资同比增速2.9%，虽然比上年同期大幅降低3.2个百分点，但前5个月是负增长。比较观察一下北京的数据，其连续性是最好的，2018年前7个月民间投资累计额为1085亿元，同比减少219亿元，同比增速为–16.8%。从能找到的其他各省份的民间投资数据看，辽宁省前7个月同比增速为12.3%，扭转了一段时期以来大幅下降的局面；河南省前7个月增速为5.4%，比上年同期下降4.2个百分点；陕西前7个月同比大幅增长24.8%，比上年同期快22.1个百分点；青海省前7个月同比增长14.9%，比上年同期快13.3个百分点。

其五，社会消费品零售额增速下降，总额与增速数据需要更加透明。从统计数据的延续性来看，社会消费品零售总额和增速的数据在2018年也表现出了一定的偏离。2018年前7个月，全国社会消费品零售总额为210751亿元，上年同期为201978亿元，计算得到的增速为4.34%，统计局公布的增速为9.3%。江苏前6个月社会消费品零售总额为16333亿元，计算得到的同比增速为5.95%，统计局公布的增速为9.2%；依据广东前6个月社会消费品零售总额计算得到的同比增速为4.17%，统计局公布的为9.3%；依据山东前6个月社会消费品零售总额计算得到的同比增速为–0.31%，统计局公布的为9.3%；依据浙江前6个月社会消费品零售总额计算得到的同比增速为3.59%，统计局公布的数据是10.1%。我们根据统计局公布的社会消费品零售总额和增速的时间序列数据，发现2017年之前没有这种大幅向下偏离情况。

统计数据表现出来的一些令人困惑迹象，对于市场主体和宏观经济政策部门准确判断经济状况都会产生消极影响，应该予以高度重视。

透过四个最大的省级经济体及全国宏观经济数据来观察，无论是投资、工业生产还是消费，各方面指标差异可能显示中国经济下行趋势压力在不断增大。从规模和在全国经济链条中的地位看，粤、苏、鲁、浙四省都具有举足轻重的位置，如果它们面临工业企业亏损扩大、投资增长不足、消费增速下滑的局面，则其他省市的压力会更大。由于中西部省区经济体量较小，虽然投资有一定增长速度和空间，但难以担负平衡全国经济的重任。因此，宏观决策者必须高度重视并力促经济大省继续发挥经济增长火车头作用。

我们应该正视"地方政府和地方国企"在中国经济增长中的引擎地位，而且这个引擎恰恰是另外两个引擎（"中央财政与央企投资""民营企业与私人投资"）发挥作用的关键环节，肩负着"承上启下"的重要作用。一方面，中央财政和央企投资在地方动力不足的情况下难以形成更有效的生产力；另一方面，由于民营企业与私人投资更倚重地方经济环境，与地方政府和当地国企之间存在天然密切联系，其实际投资决策往往与地方政府和地方国企的偏好有关。有一种观点认为，地方政府主导的投资增加势必挤占有限的信贷资源和投资机会，因而会对民间投资产生挤出效应。但认真分析地方经济的发展规律，我们不难发现，地方政府引导投资的力度越大，民营经济发展就越快；一旦出现地方引导性投资疲弱，带来的后果不是为民营企业创造了空间，反而使民间投资更加犹豫。因此，地方政府的投资引导水平在一定程度上代表了地方官员的信心和能力，地方投资的增加也为民营企业创造了更多商机，两者是经济上的"互补"关系。

还应该注意到，近年来传统的金融政策、产业政策对经济增长的调控作用可能正在下降，很多政策已经无法有效传导到微观主体。实际上，无论从决策逻辑还是实证数据看，真正影响企业投资决策的还是利润指标，只有重视减税降费，提高其利润空间，才能真正推动投资增长，货币信贷政策的传导机制才有经济基础。与此同时，还要高度重视宏观经济数据质量和透明度，向市场和微观主体传递准确信号。资本市场、投资者都对经济数据比较敏感，尤其是在经济下行压力较大的时期，重要指标数据质量不稳定或者异常变化会进一步增大市场的疑虑。如果市场感觉重要经济数据的统计质量变差，或发布时存在结构混乱及合理的逻辑解释滞后，很容易使政府陷入"塔西佗陷阱"，导致预期管理无效甚至负效应，也使经济微观主体决策的风险偏好进一步收紧。

最后，是否考虑推动经济发达的地方政府积极走向国际目标市场。2018 年年初以来，虽然中美贸易摩擦不断升温，但美国地方政府却积极开展对华经贸对话，在一定程度上对冲了中美贸易战的影响。据英国《金融时报》网站报道，美国第二大城市洛杉矶市市长埃里克·加塞蒂 7 月 31 日郑重声明，洛杉矶将对中国继续敞开生意大门。他还率领商贸代表团对中国、越南、日本和韩国进行访问。媒体观察发现，组团访华以挽回合作伙伴不是洛杉矶独有的选择。就在 7 月，美国中西部农业大州艾奥瓦州一个代表团也曾来华访问。美国《华尔街日报》网站称这一活动为"艾奥瓦州农民尝试贸易外交"。在接受媒体采访时，艾奥瓦农会副主席、大豆与玉米农场主乔·海因里希说："我们必须减少火药味。无论这场贸易争端持续多久，我们都在展望未来 3 个月或 13 个月以后的事情，因为我们需要在未来 5 年、10 年以及更长的时间里与他们成为贸易伙伴。"

　　我们也要积极发挥经济大省和大城市作用，它们分别走向各自国际目标市场，洽谈经贸合作效果更好。2018 年上半年，全国有 16 个省（直辖市）GDP 超过 1 万亿元，其中广东、江苏、山东都超过或接近 4 万亿元，与俄罗斯、澳大利亚和西班牙的经济体量相当；上半年 GDP 超过 5000 亿元的城市达 15 个，分别是上海、北京、深圳、广州、天津、重庆、苏州、成都、武汉、杭州、南京、青岛、无锡、长沙和宁波，这些地区和城市不仅经济总量巨大，在地理位置、产业结构、对外开放程度、人才储备等方面，都有与国外市场对接的巨大优势。改革开放 40 年来积累的丰富的国际市场经验，使其有能力、有条件走向前台，在国家层面贸易往来产生摩擦的时候，可以考虑适当放宽这些地区和城市的对外贸易权限，允许其出台特殊的外贸政策，鼓励它们对外进行直接经贸洽谈。它们的经济升级了、活力增强了、速度上去了，不仅对中国经济的直接贡献大，而且还会间接带动国内其他地方发展，再次发挥优势地区先发效应，形成逐次递进的发展效果。

警惕贸易战可能引发金融市场系统性风险

2018 年初以来，美国围绕全球贸易利益分配和贸易规则等问题，单边向包括中国在内的重要贸易伙伴提出或已实施加征关税、限制投资等措施，全球经济和金融市场笼罩在不断升级的"贸易战"阴影中，引起各界对金融市场系统性风险的广泛担忧。中国作为美国贸易战的"重点关注对象"，不仅要全面评估贸易战对经济增长的直接影响，还要深入分析贸易战的间接影响，尤其是要关注金融市场剧烈波动可能诱发的金融危机。

一、中美贸易摩擦对于中国经济增长的直接影响有限，但对金融市场的间接冲击则是强烈的

研究显示，中美贸易摩擦即使演变成真正意义上的贸易战，短期内也不会对中国经济形成致命的直接冲击。2017 年中国 GDP 已超过 12 万亿美元，商品和服务的出口额只有 2.4 万亿美元，对外

贸易依存度已从 2006 年的 64％下降到 2017 年的 33％，低于 42％的世界平均水平；经常项目顺差占 GDP 的比例也从 2007 年的约 10％下降到 2017 年的 1.3％；2017 年最终消费支出及资本形成总额对中国 GDP 增长的贡献率分别为 58.80％和 32.10％，对中国 GDP 增长的拉动分别为 4.06％和 2.21％，而货物和服务净出口对中国 GDP 增长的贡献率为 9.10％，对中国 GDP 增长的拉动仅为 0.63％[1]。进一步观察，2017 年中国对美国的出口金额占中国出口总金额的比例为 18.99％[2]，美国采取的贸易保护措施也难以对中国短期经济增长造成显著影响，更何况中国已是全球最大出口国，中国出口目的地的互补性和替代性，也能在一定程度缓解特朗普的极端贸易手段。根据摩根斯坦利测算，当前美国对中国价值 340 亿美元的产品施加 25％关税，会导致中国 GDP 下降 0.1％，如果美国继续对价值 2000 亿美元的中国产品征收 10％的关税，对中国 GDP 的直接影响会增加到 0.3％，并对中国 GDP 额外造成 0.2％—0.3％的间接影响[3]。目前多数中美的专业研究机构也认为，即使在中国对美出口被全部加征关税的情况下，对中国经济增速影响最坏也能控制在 1％以内。

然而，经济大国之间爆发贸易战，不仅影响相关国家的经济增长，也会透过全球产业链和价值链间接影响全球经济增长，尤其主要经济大国之间的贸易战演变成更广泛的全球主要经济体贸易战，将会逆转全球经济增长趋势。中国和美国是全球两个最大的经

---

① 国家统计局数据。

② 数据来源：Wind。

③ 摩根斯坦利《Trade Tensions: Lingering for Longer》研究报告。

济体，中美贸易与全球产业链和价值链息息相关，中美贸易摩擦升级必将引起全球贸易体系的动荡。在全球化体系下，各个经济体之间分工走向复杂化和精细化，商品生产流程互相关联。美国对中国出口商品加征关税，实际上也间接向产业链上其他国家的商品加征关税。如果中美贸易摩擦演变成为贸易战，世界大部分经济体都将被卷入其中，导致全球贸易体系失控。世界贸易组织总干事罗伯特·阿泽维多警告，如果全球关税恢复到多边贸易框架签署前的水平，全球经济将下滑 2.4%。

因此，全球贸易战一旦爆发，各经济体将升级贸易壁垒和投资限制，必将减缓全球经济增长和技术进步速度，客观上也会打破中国参与国际分工的现有秩序，增加中国经济转型升级难度。不仅如此，由于美国贸易战的后续发展态势具有高度不确定性，而主要经济体的产业链分布是全球性的，任何环节的问题均会造成跨国界和区域的负面影响，金融市场必将对贸易战预期产生负反馈效应。

我们看到，2017 年全球经济恢复势头很好，中国经济升级的态势也基本确立，2018 年初包括股市、汇市和债市在内的境内各类金融市场情绪均比较乐观，在 1 月末至 2 月初期间，上证综指曾一度触及 3587 点，较上年末升幅达 8.5%；人民币汇率也一度升值至 6.2519，较上年末升值了 4.2%；金融市场主要价格走势整体反映出投资者对于中国经济和人民币资产充满信心。然而伴随突然升温的中美贸易摩擦和未来前景的不确定性增加，中国金融市场情绪和预期受到了强烈冲击，尤其是 6 月 15 日美国宣布对中国出口美国 340 亿加 160 亿美元商品加征关税措施，无论是离岸人民币汇率还是在岸人民币汇率都出现快速贬值趋势。7 月底即期在岸人民币汇率已经贬值至 6.84 附近，较 6.2519 已累计贬值了 9.4%；即期离岸人民币汇率更是贬值至 6.85 以上，贬值幅度近 10%。8 月初人民币离岸汇率一度逼近 7 的心理关口，随后在央行的干预下暂时趋稳。A 股更是转入持续快速下跌行情，在 7 月 6 日美国首批 340 亿美元加征关税措施落地当日，上证综指跌至 2700 以下，较年初 3587 点的高点下跌了 25%，成为全球表现最差的股市之一。彭博社汇编数据显示，中国 A 股市场在 8 月 2 日以暴跌收盘后市值为 6.09 万亿美元，日本股市当日收盘市值为 6.17 万亿美元。世界第二、第三大股票市场的排名由此易位。

虽然有人认为中国金融市场波动与美元流动性收紧、中国监管力度加强以及"僵尸企业"退出市场等因素有关，但事实上美联储货币政策回归常态始终是按照其之前公布的路径和节奏在推进，中国加强金融监管也不是刚刚启动的政策措施，"僵尸企业"出清更是自 2015 年以来持续推进的工作，而中美贸易摩擦持续升温则是新出现的因素。

不仅如此，贸易摩擦不断升温对于实体经济的影响被普遍关注，但对银行业的影响很容易被忽视。2018 年上半年，在全球银行业资本充足率改善，盈利和 ROE 稳步提升的情况下，全球主要银行的估值仍出现了较大调整。虽然部分原因是上半年全球股票市场普遍表现不佳，银行股价格走势受到整体市场的影响，但需要注意的是，即便在标准普尔 500 指数 2018 年上半年上涨 1.67% 的情况下，摩根大通和美国银行的市值却分别逆市下跌 4.39% 和 7.17%。在中国金融市场上，投资者对贸易战可能导致银行资产质量降低的担忧也十分强烈。2018 年上半年，A 股银行市盈率平均下降 12.51%，市净率平均下降 12.54%，A 股银行股市净率对应的隐含不良率已经创下历史新高。虽说中国经济具有很强的韧性，在经贸层面具有一定的抗击能力，但金融业是典型的顺周期行业，市场风险情绪蔓延并非是"线性传播"，而更大程度上是以网络化的模式在各类金融市场间快速传染，这期间还会衍生出大量的不可控、不可测的交叉风险。

金融资产价格与经济基本面出现的背离，折射出投资者对于中美贸易战失控等不确定性因素的担心。由于资本的逐利性，金融资产价格的变化往往能比宏观经济数据更快地反映经济形势预期，也会反向影响实体经济。比如债券市场不同券种走势分化就直观体现出了信用条件收紧，并进一步降低了金融机构的风险偏好，增加了中小型企业的融资难度。2018 年年初以来，受央行几次降准的影响，银行间流动性较为充裕，7 天回购利率较上年年末下行了 100bp 左右。然而，高等级信用债与低等级信用债的利差却在扩大。债券一级市场上甚至出现了 AAA 级信用债哄抢，AA 级信用债却无人认购、频频推迟或取消发行的局面。从利率曲线上看，信用债长端走势更为陡峭化，市场明显偏好短端。2018 年上半年境内共有 24 只债券违约，规模约 247.61 亿元，涉及发行主体 14 家。比起 M_2 增速和社会融资规模增速放缓，债券市场的结构化走势更为直观地表现出了信用环境的超预期收紧。

传统理论认为产能过剩、工业生产下降、消费停滞、失业率上升等因素导致经济危机，而后由于大量违约引发金融危机。但是，随着金融产品延伸至生产、消费和基础设施投资等实体经济的每一个环节，实体经济的每一个微观问题都能迅速体现在金融领域，经过货币、信用和情绪等金融加速器的放大后，前瞻性地反映在金融资产价格变化上。因此，贸易摩擦演化成贸易战，虽然对经济增长的影响是有限的、滞后的，但对金融市场的影响则是即期的、剧烈的，甚至会酿成局部或全球金融危机，这是我们必须警惕的。

二、实证分析表明贸易战与金融市场波动具有正相关性。从历史上来看，贸易战曾以不同的方式，引发了金融市场的波动，甚至诱发金融危机

全球贸易战会隔离全球市场，破坏各个经济体的经济循环，导致全球性经济危机。2018 年的全球贸易战即使停留在中美层面，出于对两个最大经济体贸易战可能引发全球经济大萧条的担忧，也会造成金融市场的剧烈波动。人们很容易联想到，1929—1933 年大萧条期间的全球贸易战就曾毁灭性地破坏全球贸易环境，在叠加金融体系的崩溃后，导致全球经济快速下滑，失业率快速攀升。在此期间，世界贸易额受全球贸易战影响下跌 67%，经济下滑的幅度从西欧的 10% 到澳大利亚、加拿大、新西兰和美国的 30% 不等。澳大利亚、奥地利、比利时、加拿大、捷克斯洛伐克、丹麦、德国、日本、荷兰、挪威、波兰、瑞典、瑞士、英国、美国等 15 个国家的年度平均失业率由 8.2% 上升至 1932 年的 25.0%[1]。而作为全球经济大萧条的导火索，美国的国民生产总值由 1929 年的 1044 亿美元下降至 1932 年的 585 亿美元，净国民产值由 1929 年的 958 亿

---

① ［美］卡门·M.莱因哈特、肯尼斯·S.罗格夫：《这次不一样：八百年金融危机史（珍藏版）》，綦相等译，机械工业出版社 2012 年版。

美元下降至 1932 年的 50.9 亿美元①；工业生产指数由 1929 年的 114
下降至 1933 年的 54，耐用品制造指数下降 77%，商业建设总值从
1929 年的 87 亿美元下降至 1933 年的 14 亿美元，失业率由 1929
年的 3.2% 上升至 1933 年的 24.9%②。

　　观察发现，贸易战曾经是 1929—1933 年金融危机的助燃剂。
第一次世界大战初期，美国凭借中立地位和远离欧洲主战场的地理
位置，大力发展工业和农业，积极开拓产品出口市场。第一次世界
大战结束后，欧洲国家经济慢慢复苏，对美国商品的依赖性降低，
甚至反过来以更低的价格向美国出口工农业产品，由此导致美国工
业和农业出现严重的产能过剩。为保护本国就业和产品竞争力，美
国参议员里德·斯姆特和众议员威尔斯·C.霍利共同发起了《斯
姆特—霍利关税法》。针对美国的一意孤行，英国、德国、法国、
加拿大、意大利等国家纷纷采取贸易保护措施，全球经济逐渐受
到重创。值得注意的是，从 1929 年 10 月 1 日至 1932 年 7 月 8 日，
道琼斯工业平均指数下跌 87.97%③，尽管美国股票市场在 1929 年
10 月开始第一阶段暴跌的导火索并非贸易摩擦，但在其短暂反弹
后开启的第二阶段下跌过程中，《斯姆特—霍利关税法》每次立法
进程的进一步推动都会立即造成美国股票市场的急速下跌。道琼斯
工业平均指数在 1930 年 6 月 9 日（立法草案提交联合会议委员会
审议）、16 日（13 日和 14 日两院分别通过立法草案后的第一个交

---

① ［美］默里·罗斯巴德：《美国大萧条》，谢华育译，上海人民出版社 2003 年版。
② ［美］默里·罗斯巴德：《美国大萧条》，谢华育译，上海人民出版社 2003 年版，第
5 版序言。
③ 数据来源：彭博社（Bloomberg）。

易日）和 18 日（胡佛总统签署《斯姆特—霍利关税法》后第一个交易日）分别下跌 4.98%、7.87% 和 4.26%。

我们还注意到，美国股票市场在 1962 年出现闪崩，道琼斯工业平均指数在 1962 年 3 月 15 日至 6 月 26 日不足一个季度的时间内下跌了 25.95%。同时，欧洲股票市场也在这一时间段内走势疲软，德国 DAX30 指数在此期间下跌 23.84%，与道琼斯工业平均指数跌幅十分接近。深入观察市场波动背后的政策因素我们不难发现，1960 年左右，美国研究出先进的饲养技术，能够通过集约饲养的方式，在较短的时间内以较低的成本饲养出可供食用的肉鸡。而在当时的欧洲，鸡肉还属于只有少数人能够负担得起的奢侈食物。随着美国向全球大量出口鸡肉，欧洲鸡肉价格暴跌。为保护本国家禽养殖业，荷兰、法国、西德等欧洲共同体国家纷纷对美国出口的鸡肉施加贸易壁垒。对此，美国针对欧洲出口的马铃薯、轻型卡车和白兰地等商品征收报复性关税。欧美之间的贸易争端逐渐点燃之后，欧美股票市场出现闪崩，并引发金融危机。

从当前金融市场来看，特朗普每次推出贸易战政策或发布贸易战言论，也都立即引起金融市场剧烈波动。2018 年二季度开始的中国金融市场以至全球股市、债市、汇市、大宗商品期货市场的剧烈波动，直接驱动因子就是特朗普重新启动的贸易战。

从时间节点上看，华盛顿时间 3 月 22 日（北京时间 3 月 23 日凌晨），特朗普签署对中国的贸易备忘录，指示美国贸易代表办公室对至少 500 亿美元的中国进口商品征收高额关税。全球股票市场应声下跌，3 月 23 日，上证综合指数下跌 3.39%，深证成分指数下跌 4.02%，创业板指数下跌 5.02%，道琼斯工业平均指数下跌

2.93%（3月22日），纳斯达克指数下跌2.43%（3月22日），日经225指数下跌4.51%，德国DAX30指数下跌1.77%[1]。华盛顿时间6月18日晚间，针对中国的反击，美国威胁要对2000亿美元的中国进口商品征收关税。对贸易战升级的担忧导致全球股市再次迅速下跌，6月19日，上证综合指数下跌3.78%，深证成分指数下跌5.31%，创业板指数下跌5.76%，道琼斯工业平均指数下跌1.15%，纳斯达克指数下跌0.28%，日经225指数下跌1.77%，德国DAX30指数下跌1.22%[2]。

7月11日，美国政府公布拟对华2000亿美元输美产品加征关税清单，亚太欧美股市集体下挫。美股方面，三大指集体下跌，标普500指数低开17.45点，跌幅0.62%，报2776.39点。道琼斯工业平均指数低开166.87点，跌幅0.67%，报24752.79点。纳斯达克综合指数低开61.07点，跌幅0.79%，报7698.12点。同时，亚太股市也全线下挫，A股、港股、日股均跌超1%。韩国KOSPI指数跌约0.6%，澳大利亚S&P/ASX200股指跌约0.7%，日经225指数收跌1.2%，A股和港股指数均跌超1%。

三、深刻理解金融市场运行机制，高度警惕贸易战对金融市场可能形成的破坏性冲击

我们在观察分析中发现，不论是历史还是当前，主要经济体之间贸易摩擦向贸易战演化的过程会对金融市场造成巨大冲击，多次

---

① 数据来源：Wind。

② 数据来源：Wind。

引起金融市场的剧烈波动，警示我们必须重视贸易摩擦对金融市场的危害性。

首先，在贸易战冲击下，金融市场将对经济形成负反馈效应，处理不当的话，就会形成"恶性循环"。金融市场是宏观经济的"晴雨表"，但其使用不能像人们使用"温度计""湿度计"那样简单。一方面，部分市场参与者（例如市场交易员）对经济数据、风险事件和政策调整极为敏感，主要是通过博弈市场驱动因素来获利的，但也造成其集合的市场行为放大市场波动；另一方面，金融市场往往领先于经济运行变化，所以我们经常看到即期市场表现与同期经济基本面相脱离，在即期金融市场波动中暗含了投资者对经济前景的看法。例如，近期境内金融市场的剧烈波动，一个重要因素就是市场普遍担忧中美贸易摩擦将对未来经济和金融产生巨大冲击，而阿根廷、土耳其、巴西等新兴市场国家和地区的金融市场已经出现了局部危机，甚至是货币危机，尤其是阿根廷已经公开向 IMF 申请救助，显示其已经陷入经济危机威胁之中。

其次，在贸易战冲击下，各类资产将面临价值重估风险。贸易摩擦首先会直接影响出口商品的价格，进而影响到出口企业的盈利能力，如果这些企业是上市公司，那么它们的估值就会受到影响。在当前产业链中，上下游企业间的关系已经密不可分，由此一些表面上与贸易摩擦无关的企业实际上也将受到贸易战的间接冲击，相应其企业价值也会被投资者重新评估。对于金融市场参与者而言，由于企业价值在内的各类资产估值的变化，其投资交易策略和行为必将随之调整，进而引发资金跨区域和跨市场的流动，必然要远离金融脆弱性的市场，进而形成"恶性循环"。

再次，在贸易战冲击下，市场更容易形成恐慌心理和一致性行为。伴随特朗普和美国政府在贸易方面的每一次动作，中国金融市场均会出现明显波动，而股票市场的快速下跌和汇率市场的快速贬值，已经明显偏离了正常波动规律，表明市场参与者心理预期已明显发生变化，表明中国金融市场参与者心理预期已有发散苗头，在此种环境下，任何外部变化均会诱发投资者的非理性行为，甚至是恐慌。而当市场由于恐慌行为形成下跌趋势时，理性的投资者为了减少损失，就不得不及时止损，市场参与者的行为模式被动达成一致，将会成倍扩大金融市场的波动性。前车之鉴就是2015年的股灾。

又次，在贸易战冲击下，中国金融市场潜在隐患更容易转为危机。2012年以来，中国金融市场快速扩容，风险在金融机构之间的传导性、交叉性和关联性也随之大幅增强，尤其是在监管套利驱动下，金融创新层出不穷，多层嵌套模式应接不暇，金融产品的结构日益复杂，交易链条越来越长，形成了规模巨大的影子银行，金融体系内积累了巨大的潜在风险，一次偶发的风险事件就有可能引发系统性风险。为此，近年来决策层及时调整和完善了监管框架，同时也针对金融乱象实施较为严厉的监管措施，潜在风险因素得到相当大程度的化解，但并未完全解除。加之金融监管的加强，也伴生出一些新问题和新矛盾，"处置风险的风险"相应有所增加。在此变化中，金融的脆弱性很容易被贸易战诱发成危机。

最后，我们不得不再次强调，一旦金融市场出现持续的非理性波动，诱发金融危机的概率很大，而一旦金融危机爆发，再好的经济增长势头也将发生逆转，其伤害程度是不可估量的。拉美债务危机、东南亚金融危机等均使相关国家的经济从高速增长转向停滞。拉美及加勒比海地区的 GDP 增速由 1980 年的 6.23%，骤降至 1981 年的 0.29%，随后在 1982 年和 1983 年分别以 0.81% 和 2.75% 的速度负增长。同样，作为 1997 年东南亚金融危机的导火索，泰国 GDP 增速由 1996 年的 5.65%，锐减至 1997 年的 –2.75%，且在 1998 年继续负增长 7.63%。

基于现实分析，借鉴历史经验教训，我们至少可以得出以下几点判断：

一是经济大国之间爆发贸易战，不仅影响相关国家的经济增长，也会透过全球产业链和价值链间接影响全球经济增长，尤其主要经济大国之间的贸易战演变成更广泛的全球主要经济体贸易战，将会逆转全球经济增长趋势。

二是即期金融市场波动往往反映了投资者对未来经济增长预期的担忧，因而贸易摩擦对即期金融市场的影响远远大于对即期经济增长的影响。尤其是市场预期贸易摩擦不断升级、将演变成大规模贸易战的背景下，金融市场出现异常波动是不可避免的。

三是一旦金融市场出现持续的非理性波动，诱发金融危机的概率很大，而一旦金融危机爆发，再好的经济增长势头也将发生逆转，其伤害程度是不可估量的。

四是对于贸易战引发的金融市场风险不可轻视。中国金融市场异常波动，不仅直接影响企业融资环境和投资预期，还会在"财富效应"驱动下影响消费信心。在贸易战背景下，出口受损和投资疲弱是不可避免的，如果再出现金融市场持续疲弱引发融资环境担忧和消费信心走低，则对于未来经济增长动能将具有系统重要性影响。

为此，在战略层面，2012 年以来确定的推动经济升级、保持经济中高速增长、全面提升经济增长质量等宏观经济指导思想应该坚定不移，不因外部挑战和内部市场波动而轻言调整。与此同时，也要在战略层面努力恢复市场信心，不仅需要宏观政策部门及时发声，还必须有一系列提振经济的措施出台。

在策略层面，政策制定者与相关市场监管部门应密切关注市场动向，尤其是在经历激烈资本市场波动、核心市场指标较长时间处于下行通道并引发市场信心不足的情况下，监管部门更应该小心谨慎，认真倾听市场声音，及时回应市场关切，积极引导市场预期。尤其是中国金融市场较为脆弱，易受外部冲击影响，这增加了贸易战引发金融危机的概率，要求我们更加关注金融市场的波动。新的监管政策出台必须把握时机与力度，同时还要及时调整不合时宜的监管政策，努力恢复和呵护市场信心。决策部门需要合理地引导市场，避免金融市场长期处于疲软状态。

最后，增强中美贸易谈判策略的主动性与灵活性，避免贸易摩擦扩大至其他领域。我们注意到，美国在贸易战的实际操作中采取了更加灵活的策略，避免"伤敌一千自损八百"的局面发生。譬如，在美国正式宣布对中国 340 亿美元商品加征 25% 关税的几个小时后，美国贸易代表处通过官方声明表示，美国企业能够在 90 天内为某个特定产品申请为期一年的关税豁免，美国贸易代表处会根据"该产品是否在中国之外有可替代的货源""是否关税会严重损害提出申请的美国企业或是美国的利益"，以及"该产品是否对中国的相关工业计划有重要的战略意义——比如中国制造2025"等三个方面来决定是否豁免该产品的关税。美国此举不应被简单视为"搬起石头砸自己的脚"后的补救措施，而是主动增加贸易政策弹性，以免因贸易争端升级而对其自身造成过大的政治和经济压力。再譬如，美国一方面威胁对主要贸易伙伴加征关税，另一方面却积极进行双边贸易谈判，为了达成新的贸易协定也作出必要的让步。我们在坚定维持自身利益的同时，也应寻求谈判机会，尽可能避免特朗普迫于国内"票仓"的巨大政治压力采取更为极端的对华贸易保护主义措施，尤其是避免中美贸易摩擦扩大到其他领域，例如金融领域。在货币金融领域，中短期内美元的国际货币地位和美国在国际金融市场的垄断地位，依然是无法撼动的；同时中国时处经济转型升级关键期，对于金融环境稳定性的要求，要超过历史上任何时期，一旦中美贸易摩擦扩大到货币金融领域，其威胁必将远远大于经济贸易摩擦，对此我们必须要有清醒的认识。

地方政府融资平台风险分析

中国地方政府债务风险，已经成为全球金融市场分析师甚至许多经济学家关注的话题。我们发现，地方政府融资需求有其特殊性和复杂性，对于地方政府融资平台风险成因、风险程度判断与风险处置方法也不能简单一概而论。

一、中国地方政府融资需求由来已久，为什么 2011 年之后地方政府融资平台的风险引起广泛关注

简单回顾，中国地方政府融资的发展大概经历了四个阶段，地方政府融资需求和融资规模基本上与中国经济发展阶段同步。20 世纪 90 年代，我国市场经济改革颇为活跃，市场主体快速创新，地方政府也成为经济运行的市场主体之一，上海最早出现了地方投融资平台——上海市城市建设投资开发总公司，开始依托政府背景和融资渠道开展投资工作。从 1998 年到 2008 年，平台

模式得到地方政府更多的认可和金融业广泛支持。1998 年安徽的芜湖市与国家开发银行签订了第一单贷款协议。2002 年以后，重庆市政府组建了"八大投"，并得到了开行的支持，对此世界银行给予了充分肯定①。此后，各地开始纷纷效仿成立地方政府投融资平台。金融危机爆发后，政府为拉动内需大量释放流动性，地方政府融资平台进入了高速发展阶段。在积极财政政策和适度宽松货币政策环境下，地方政府投融资平台的数量和规模快速扩张，影响开始凸显出来。2009 年 3 月，中国人民银行与银监会联合发布了《关于进一步加强信贷结构调整促进国民经济平稳较快发展的指导意见》，其中提到，要支持有条件的地方政府组建投融资平台，发行企业债、中期票据等融资工具，拓宽中央政府投资项目的配套资金融资渠道。2011 年经济增速从高速增长进入中高速增长以后，地方政府财力的增速也出现下降，地方政府利用政府信用背书进行融资活动很快受到了关注。中央政府也从 2014 年开始整顿地方债务，2015 年制定的新《预算法》对地方政府负债依法进行约束：一是地方债务进预算；二是制定了债务限额，不经过批准不能突破上限；三是建立债务的预警机制以及应急处置机制；四是用地方政府债券替换过去各种形式的债务。同时，中央政府提出地方政府融资平台要实现商业化市场化运作，并推广

---

① 重庆"八大投"分别指重庆市城市建设投资有限公司、重庆市地产集团、重庆市水务集团、重庆市水利投资有限公司、重庆市高速公路发展有限公司、重庆市高等级公路建设投资有限公司、重庆市建设投资公司、重庆市开发投资有限公司。根据世界银行 2009 年的报告，其认为"重庆的做法具有创新性，其经验对中国乃至世界具有参考价值，可以作为一些发展中国家的有益借鉴"。

PPP^①（政府和社会资本合作，Public-Private Partnership）。由此，地方政府债务有了两个显著的变化，一是通过发行低成本的地方政府债券置换原来高成本的政府债务，地方政府的负债成本大幅下降近万亿元；二是平均期限变长，通过置换，地方政府负债期限拉长到了平均 6.33 年，减小了基础设施建设周期长和融资期限短间的错配风险。

中国地方政府融资需求由来已久，为什么 2011 年开始地方政府融资平台突然成为广泛关注的热点？中央政府、监管机构、银行、理论界、舆论界以至实业界都对地方政府融资平台广泛关注。历史地看，政府融资平台突然成为当时的焦点，与 4 万亿的投资政策有关，如果没有 4 万亿的投资政策，地方政府融资平台可能不会迅速成为被大家广泛关注的问题。

一是 4 万亿的投资政策打乱了地方政府原有的投融资秩序。在 20 世纪 90 年代投融资体制的市场化改革中，地方政府组建了一些投资公司，尝试通过市场化方式解决建设方面的资金问题，从当时来看融资平台的运转和负债比较正常。一个政府投融资公司在正常情况下对外负债是有一定限度的，在这个范围内公司运转正常，而 4 万亿政策出台后，原来的秩序突然打乱，使得本来运作很好的公司面临着巨大的投资经营风险。

二是仓促组建的新的投融资主体导致整体平台质量风险上升。4 万亿的投资政策出现后，很多地方政府突然发现仅仅靠已经成立的投资公司很难完成政策任务，必须组建新的投融资主体。不少新投融资主体组建得非常仓促，有些公司的政府出资仅靠政府划拨一

---

① 《关于推广运用政府和社会资本合作模式有关问题的通知》（财金〔2014〕76 号），2014 年 9 月 23 日。

些资产（其中土地是最主要的形式，一部分土地还是公益性质），甚至由政府出具一个出资承诺。同时这些新平台的管理层与政府相关部门共用一套人马，没有相应的运作经验，短期内大举从银行借债，产生了大量风险。

三是银行间恶性竞争加剧了平台风险。在4万亿的投资政策背景下，各家银行也承担了很大的放贷压力[①]。宏观经济下行的环境下，普通企业运营和财务表现变差，相互拖欠、各类司法纠纷甚至跑路频率上升，放贷给工商企业面临更大的信用风险，而地方政府融资平台有政府信用背书，成为信贷资金天然的"避风港"。所以各家银行竞相放宽条件、积极营销地方政府融资平台（不管是老的平台公司还是新的平台公司），以至于当时很多地方融资平台公司都没做好思想准备，还以为要去找银行写各种申请、报各种各样的材料，结果银行主动上门，还出现了降门槛、降价格等恶性竞争的局面，甚至出现了很多地方融资平台借到钱以后长期存放银行的现象。

四是过于依赖土地金融产生了高杠杆风险及房地产价格泡沫风险[②]。很多地方政府融资平台自身不从事经营活动，其还款来源

----

① 很多政府部门，尤其是省级政府习惯给商业银行扣上"惜贷"的大帽子。

② 融资平台的风险通过如下一系列环节的资金循环和信用杠杆的叠加，具备了扩散为系统性风险的可能。

环节1：地价迅速上升，开发商为了控制本金投入，最大限度利用金融杠杆提升收益率，必然想方设法通过分期付款方式拿地，完成首期土地出让金缴款后就能够拿到土地使用证，再利用土地使用证贷款，缴付剩余的土地出让金和进行开发投资；或者违规预售，利用购房人的首付款缴纳出让金，实际也是利用信用杠杆。尽管相关部门不断出台新规，但由于开发商与地方政府有着千丝万缕的联系（甚至部分地方政府融资平台实际就是从事房地产开发的），土地一级市场的高杠杆和违规问题仍然是屡禁不止。

环节2：房地产开发商以高地价购置土地后，必然把地价上涨的部分通过房价转嫁给居民。

环节3：大多数居民需要采取抵押住房方式从银行贷款，这里又利用了信用杠杆。

或者财务担保经常落在土地出让金上，政府通过土地储备贷款解决拆迁等问题，然后通过房地产开发商的土地使用证贷款、房地产开发贷款、个人住房抵押贷款不断放大银行信贷资金杠杆。

五是总量失控、用途转移使市场更担忧地方政府融资平台潜藏系统性风险。观察当时的市场，融资总量呈现出失控的状态，而且政府融资平台贷款也没有真正流入实业，有的去做理财、有的投资股市、有的去做房地产，使得整个银行业面临着系统性的风险。而且，银行与地方政府融资平台的借款合同也存在大量的法律瑕疵，规划、环保、消防等手续不全，甚至出现假土地证，一旦借款人出现违约，法律很难保护债权人利益。很多贷款没有对应真实的项目，很多借款没有具体的项目与其对应，贷款往往被挪作他用。平台贷款依赖地方财政，财政收入增速下滑有引发系统性风险的苗头。平台贷款的还款很大程度上依赖地方财政。如果说某个地方政府的财力比较强，而且也比较负责任，贷款风险就相对可控；而如果一个地方政府的财力出现问题，贷款偿还就要靠土地收入来支撑，而土地收入则取决于房地产市场情况，一旦房地产泡沫破裂，地方政府的偿债能力将会出现严重问题，将使大量的银行资产处在风险状态。

二、判断当前地方政府融资平台风险，虽然争议很大，但透过系统重要性判断和系统风险分析还是可以达成共识的

整体而言，2016年中国政府债务的负债率是36.7%，低于欧盟60%的警戒线，也低于主要市场经济国家和新兴市场国家水平①。

当然，不同地区面临的地方债务风险并不相同，2016 年末已有 6 个省份的债务率已超过国际通行警戒标准，个别省份债务率甚至达到 178.9%，超过财政部规定的标准 28.9 个百分点。偿债方面，2019—2023 年我国地方债券将进入偿债高峰，每年偿还额均超过 1 万亿元，其中 2021 年将高达 1.92 亿元，这对地方政府无疑是个不小的压力。国际三大评级机构普遍认为，中国银行系统的资产质量很可能出现极其严重的恶化，而地方政府融资平台以及房地产相关贷款是最大的隐忧。我们认为，对于地方政府融资平台风险，不仅要从总量上观察，更应该进行深入的风险结构性分析，根据风险因素进行准确分类，正确客观评价融资平台系统性风险。

要准确把握评估地方政府融资平台系统性风险，有几个关键要素：第一，社会各界对地方政府融资平台风险的认识情况。如果社会各界对这个问题认识很清醒、很深刻，出现系统性风险的概率就比较低，因为大家都高度重视、深刻认识并主动采取措施，这时的系统性风险就比大家都不清楚时要小。第二，风险敞口变动情况。风险敞口是迅速扩大还是在收缩，此时面临的系统性风险的潜在威胁将截然不同。第三，相关性变化情况。存在风险的群体对于其他方面的影响是在强化还是收缩，是否出现倍加的影响，这时也面临

---

① 2018 年全国"两会"期间财政部负责人在答记者问时再次确认，截至 2017 年末，我国政府债务余额为 29.95 万亿元，其中中央财政国债余额 13.48 万亿元，地方政府债务余额 16.47 万亿元；我国政府负债率也就是用债务余额除以 GDP 所得出的比例是 36.2%。这个比例比 2016 年的 36.7% 有所下降；按照这样一个比例，我国政府的负债率是低于国际社会通用的所谓 60% 的警戒线，也低于其他主要经济体和一些新兴市场国家的负债水平；预计未来几年我国政府的债务风险指标水平与 2017 年相比不会发生明显的变化。

不同的系统性风险。第四，单项风险的集合变化情况。所有平台贷款加总后风险状况是上升还是下降，是恶化还是好转，平台贷款整体的资产质量是在好转还是恶化，也面临不同的系统性风险。第五，群体风险是否可检测管控。如果是平台群体的风险是可检测的、可管控的，系统性风险状况就会相应小些，如果不可检测不可管控，则系统性风险相应较大。

从以上几个因素分析，目前中国地方政府融资平台系统性风险基本可控。在中国银监会主导下，各家银行和地方政府的紧密配合，已经初步控制住了地方政府融资平台这一重大的系统性风险。

第一，社会各界对政府融资平台的风险认识不断深化。国务院发布了专门的文件要求加强平台贷款管理，这是非常重要的信号。中国人民银行、银监会、财政部以及其他政府部门，在政府融资平台风险上的认识趋于统一，出台一系列政策约束地方政府债务，具体包括债券管理预算化、债券发行程序化、风险处置标准化、新增债券限额化、融资行为规范化、土地储备融资债券化等等，从顶层设计上保障了债务管理体系的进一步科学化、合理化。地方政府也已经认识到这个问题的严重性，很多地方政府已经在积极配合处理问题，各借款主体、平台公司规范化的整顿也初见成效。各贷款主体——银行，也在开始强化自身的政府融资平台贷款管理。

第二，政府融资平台的风险敞口不断收缩。从 2010 年《国务院关于地方政府融资平台有关问题的通知》出台后，政府性债务规模增速明显放缓，尤其是 2014—2016 年，地方政府债务由 15.41万亿元下降到 15.32 万亿元，风险敞口开始收缩，这是一个积极的变化。因为是否出现系统性风险，与风险敞口的变化有关系，敞口的变化趋势方面说明系统性风险已经得到控制。

第三，政府融资平台对其他贷款的传染冲击力度开始下降。随着商业地产等经营性项目按照要求与政府脱钩，逐步推向市场，公益性项目的融资渠道所有拓宽，政府融资平台对银行贷款的依赖程度有所降低，尤其是对房地产开发贷款、对个人贷款的冲击开始下降。

第四，政府融资平台自身的资产质量在好转。按照银监会"逐包打开、逐单核对、重新评估、整改保全"的监管要求，商业银行对融资平台项目逐个开展重新评审和风险排查，严格审核报批手续和环评结果，用地审批、项目资本金和有效担保等各项要求落实逐步到位，并逐户登记台账，完成全面自查、落实"解包还原"和"重新立据"等风险化解和整改工作，对各类型的平台贷款实行严格分类动态管理，细化平台客户贷款政策，按照现金流覆盖情况，分类开展处置工作。采取这些措施改善了平台贷款的资产质量。

第五，目前整个政府融资平台贷款处于可监测状态，采取名单制管理，使监管部门掌握平台贷款规模和投向，以及融资平台自身现金流覆盖债务本息的情况，整体风险处于可控状态。

三、商业银行不能回避地方政府融资需求，经营成败取决于自身的风险管理能力

从中国经济发展需求和中国金融市场特点来看，地方政府的融资需求始终存在，商业银行不可能无视这种需求。在未来一段时期，只要地方政府承担发展经济的职能，就必然存在融资需求。对于商业银行来说，政府的融资需求酝酿着重大的商业机会。如果把

政府融资需求看作一个特殊的目标市场，开拓这个市场必须有相应的驾驭能力。从实践经验上看，要经营政府这个特殊需求的市场，商业银行需要以下几种能力：

第一，预判经济发展大势能力。政府融资风险与地方经济发展趋势是完全吻合的，银行需要具备预判大势的能力。不对经济形势进行独立科学的评估，则很有可能因为踩不准而被"套"。

第二，客户需求评估能力。银行要具备相应的评估能力，对地方政府融资平台进行科学的评级，对推荐的项目进行科学的评估。只有具备了相应的评估能力，才能选择好的平台公司和项目。

第三，风险计量能力。拥有了评估能力，在选择好的公司、项目的基础上，也要精准计量风险：合理额度，根据项目实际需求，科学地测算出需要的额度是多少；合理期限，需要与项目周期需求、价格水平统筹考虑；总体风险限额，构建区域信用风险评级模型，制定强制性的地方政府融资限额。

第四，科学的风险偏好。对于平台贷款，一定要能够判断哪些适合本行做、哪些不适合做，商业银行对政府平台公司和项目应该坚持有所为有所不为，有自己的偏好。商业银行应明确在管理什么项目上有优势、在管理什么样的公司方面有优势，然后去做那些有优势的公司和项目。

深刻理解国际评级机构
"主权评级"的特殊性①

　　主权评级作为信用评级的一种，因评级对象的特殊性，其市场效应和影响力巨大，评级结果也常常引起广泛争议。国际著名评级机构对主权评级结果的任何调整，都会引起全球市场的极大关注，尤其是结果被下调，或展望为负面时，往往会遭到被评国家或政府以及一部分市场投资者的质疑。自 2016 年 3 月至 2017 年 7 月短短一年多时间，穆迪先后两次下调对中国主权信用评级，引发市场和中国政府部门的高度关注。中国政府相关部门和官方媒体迅速反应，有的指责穆迪的方法不对，有的称穆迪不了解中国的法律和国情。而穆迪方面似乎不依不饶，又相继调整 26 家中国政府相关发行人和 13 家中国金融机构的评级，并表示该机构有可能再度下调对中国的信用评级。面对如此强烈反应，我们觉得有必要从信用评

---

　　①　参见《把握主权评级的特殊性》，《金融时报》2017 年 8 月 5 日。

级原理的角度澄清主权信用评级的特殊性，正确理解主权信用评级的内涵，既不能不在乎，也不能被绑架。无论对评级机构的结论，还是市场的质疑，政策部门、市场投资者都应该有自己的客观判断，理解藏在评级符号后面的内在含义与逻辑。

主权评级主要指评级机构对某个主权主体作为债券发行人（或借款人）的信用评级，与一个国家或地区投资环境的风险水平没有必然联系。就一般信用评级原理而言，信用评级在本质上是对评级对象作为债务人的信用风险进行评估，预判其偿还债务的能力和意愿，即未来一定时期内发生违约的概率。因此主权评级是向市场投资者表明一个主权主体对其债务能够正常履约、到期支付的可能性。既然主权评级是对偿债能力的判断，那么解读主权评级结果时，必须关注其适用范畴。主权评级对象是政府，一般是中央政府，主权评级概念中的债务应该是法律上明确政府为债务人、以政府信用为支持的债务，例如中央政府发行的国债、向国际贷款人借入的贷款等。中国政府2015年颁布的预算法以及近期几个部门联合发布的一系列文件比较明确地界定了法律上政府负债的边界，这对厘清中央政府债务规模意义重大。

特别需要注意的是，在中央政府所承担的债务当中，外币债务和对国际贷款人的债务的履约尤为重要。不仅是因为历史上主权违约中相当一部分是由于外债导致，而且相比本币内债而言，这些债务更体现出中央政府真正的实际偿债资源和能力。如果一个国家的债务中外债比例过高，则意味着一旦出现问题时，其回旋余地将极为有限，从而违约的概率将大为增加。而在这方面，中国政府的外债结构比较合理，负担不大。

虽然各国面临的情况差异极大，影响主权偿债能力的基础因素各不相同，但核心则是主权代理人（即中央政府）可支配的资源与承担的债务之间的匹配程度。因此常见的评估因素包括宏观经济（GDP、就业等）、财政收支（赤字率、财政税收）、政府债务（债务增长速度、绝对量、期限和币种结构）、货币与金融（通胀、货币政策、金融体系）、国际收支（经常账、资本账、外债、国际储备、外部融资需求）等。主权违约的原因中，经济因素占重要地位，如经济的大幅衰退、公共债务的大量扩张、就业市场和税收的萧条、汇率波动造成的流动性下降等。对于财政透明度较好的主权国家，这类经济信息都比较容易获取，也最容易引起投资者的关注，并以量化的形式被大众接受。主权评级的波动也常常由此引发。

不容否认，经济因素是决定主权偿债能力的根本性因素。但政府治理能力也是不可忽视的主导力量，特别是当国家经济面临一定困难的时候。一是国家的历史信用记录。长期的信用记录代表了国家实力、文化和意志。一个过去有过——特别是不久之前——违约行为的国家，其执行债务到期偿还责任，尤其是重组债务的能力值得怀疑。二是国家治理结构。稳定、负责、具有延续性的治理结构有益于债务责任的履行，政府的更迭对经济、政治的冲击小，不影响偿债意愿。而极权独裁国家由于权力掌握在个别领导人手中，在经济处于困难时期，国家体系无法保证履约，全依赖于领导人个人意愿，不确定性极大。三是政府掌握资源的能力。政府对资源的掌控体现在动员资源、控制资源和调度资源，这种能力在困难时期显得尤为重要。当经济面临困境、财政陷入危机时，掌控能力强的政府可以通过一系列政策和措施，将私人部门的资产引向公共部门，阻止资本出逃，盘活流动性，缓解临时性的财政困难，为化解危机赢得时间和空间。四是国家的国际地位和外交实力。当国家经济体量大到一定程度，深度参与国际政治和经济活动，与其他国家形成共同价值观或利益攸关关系后，即便面临债务危机，也会比较容易获得来自国际社会的支援，在债务重组、资金援助等方面得到帮助。五是国家和国民韧性。当国家面临偿债困境，会采取一系列措施试图渡过危机，但这些措施可能带来财政紧缩、经济发展滞缓、民众福利削减等代价，能否取得民众支持理解、能否引导国民与政府共渡难关决定这些政策的落地执行。如果在一开始或执行不久之后遭到民众抵制抗议，造成政策中断，则可能会引起连锁反应，将危机导向更难以预测的形势。相反，如果民众充分理解并支持政府所采取的措施，各方利益形成共识，则十分有助于危机的解决。

现在有些市场参与者把主权评级作为对未来经济走势的判断，主权评级一旦下调，就出现唱衰论调，这实际上是对主权评级的过度泛化。一方面，主权评级方法的科学性远不如其他评级方法。信用评级的技术方法要根据评级对象而定。对比公司评级等，主权评级的技术方法比较特殊。公司评级样本数量充足，可以根据评级对象的风险同质性，进行行业、规模等维度的细分，利用数据建立定量模型，衡量经营水准、市场竞争力、发展前景、财务健康等，并运用一系列统计方法使用历史违约分布对评级参数进行验证和校准。项目融资评级则主要考量项目情况、预期现金流、相关合同法律条款等因素。但到了主权评级时，则面临一系列技术困难：一是主权评级对象群体有限。目前联合国成员国为 193 个，再加上一些地区经济体，整个主权评级的群体只有 200 多个，各家评级公司的主权评级对象也仅有 100 多个，比之公司评级对象群体九牛一毛。二是各主权国家之间风险特征差异巨大，例如发达国家、发展中国家面临的发展阶段和目标的差异、各地区之间的经济结构和水平差异、各国之间的政治制度差异等。三是历史上主权违约样本少，违约案例比较复杂，信息数据有限。这些特殊性决定主权评级很难利用数据建立可靠的统计定量模型，而是更多地运用历史经验和评级人员专业判断（包括讨论）来主导评级过程。另一方面，主权评级缺乏客观、科学的评级主标尺，往往采用专家分析商议、委员会讨论确定的方式来寻求内部共识，导致双重标准或多重标准，时常陷入权威性和公正性困境也就在所难免。因此，作为评级机构，要清醒认识到自己的特殊地位与评级方法的局限性，避免多重标准，要像爱护眼睛一样爱护自己的信誉；作为市场参与者，应该对主权评级有客观的、科学的理解，不要迷信评级，也不能忽视评级。主权评级的市场作用毋庸置疑，政策部门应该重视评级机构报告中提出的论点，客观分析其合理性，同时对于其中的方法缺陷与背后偏见也针对性地表达自己的意见。说到底，一份主权评级报告会产生什么样的影响、市场认可的主权信用水平，既取决于目前的数据表现，更取决于未来这些指标的走势，说到底还是要努力做好自己的事情，严格市场监管，严守不发生系统性风险的政策底线，保持经济在健康的轨道上运行，市场必然会看到经济整体安全稳健，届时信用等级也自然会恢复。对于中国而言，一方面要努力保持经济结构与增长方式不断升级的势头，尽可能使经济增长速度保持平稳运行。投资者不仅关心过往数据和当前水平，更关注未来的趋势。只有保持经济平稳和升级势头，才可以有效增强市场信心。另一方面，必须严肃财政纪律，严格界定主权债务，依法约束主权债务总量与增速，构筑一般市场主体债务向主权债务蔓延的"防火墙"。目前主权债务水平不高，风险可控，毋庸置疑。但对于地方政府债务软约束、国有企业负债向政府转嫁的实质性"或有政府负债"必须高度重视。地方政府负债形式、可负债领域与债务总量都必须有明确的法律规定，国有企业的信用约束必须强化，至少应该做到"新老划断"，必须让各类贷款主体和债权人明白，不仅法律上"政府不能对国有企业自身负债提供直接或变相担保，道义上也不再承担连带责任"。为此，一系列财政改革举措应该尽快推出。

附件 2

今天的中国大城市如何吸引全球化大企业？[①]

　　金融危机之后，全球经济格局发生了巨大变化，中国成为第二大经济体和最大贸易国家，经济社会发展和对外开放已经进入新的阶段，全球化大型企业在华的投资发展也进入了深耕期。在这种全新的格局下，全球化大型企业如何看待中国市场，在中国的各大区域和大城市布局中更看重什么，中国各大城市又如何在新的世界经济格局下加强自身建设使之有更强的吸引力，如何在全球分工中正确定位以期获得进一步发展，并在与其他城市的竞争中脱颖而出。

　　《南风窗》杂志就这些主题采访了作为业内专家的中国建设银行首席经济学家黄志凌，对相关问题进行了深入阐述。

　　《南风窗》：最近两年，不少外企都在谈论在华机会的减少，您作为一名资深的经济和金融专家，怎么看待这一问题？就您了解，

---

① 参见《南风窗》2016 年第 20 期，本文为《南风窗》对笔者的专访。

全球化大企业在华的战略有哪些大的调整？

黄：我不知道是不是真的存在这个问题。我认为，个别外资企业在华经营困难是有的，有的企业调整了在华业务，有些搬迁到东南亚和其他地区。但是，总体上并没有出现所谓撤离潮，至少我没有看到大量外企离开中国的趋势。

外企进入或离开中国，取决于中国市场的吸引力。如果中国市场仍然有足够吸引力，它们会留下来，甚至还有更多的企业加入。就消费市场而言，2005—2015 年间，中国社会消费品零售总额从 6.84 万亿元上升至 30.09 万亿元，增长了 3.4 倍，年均增速 15.98%，不仅总量稳居世界第二，增速也位居世界主要经济体前列；不仅总额增速超过 GDP 增速，并且消费领域里很多细分行业的增速都超过了 GDP 增速。从趋势上看，中国现在人均 GDP 达到了 8000 美元左右，而且每年仍然保持全球领先的增长速度，更重要的是有着 13 亿的庞大人口基数，这是一个巨大的消费和内需市场，前景广阔，这样大体量的活跃经济体，全球是很难找的。

从市场上来看，我国人均 GDP 步入中高收入阶段以后，在一线城市、东部沿海地区不断壮大起来的中产阶层，对生活品质要求迅速提高，居民消费需求结构与档次基本接近发达国家水平，已经从"基本可用"的低端水平向"更优更好"的中高端水平迈进，而消费品供给结构与档次的调整升级缓慢，一方面是供给制约消费需求，巨大的潜能无法实现，另一方面低端落后产能过剩，部分企业经营困难。所以不仅是国内企业，一些提供低端产品、拥有落后产能的外资企业也过不下去了。这个时候，一些相关企业作出调整，生产线迁出中国，到东南亚、非洲等成本更低的地方，是很正常的。

中国经济这两年正在升级，由低端制造、落后产能向中高端产品、先进产能转换。随着中国经济的转型，经济发展动力由投资拉动转向消费驱动，而且消费空间刚刚打开，将是全球最有潜力的市场。我相信全球有投资眼光的企业家，都不会忽视这样一个市场。比较而言，有的国家人口众多，但是人均收入过低；有国家的收入相对较高，但是人口体量没有中国这么大。换句话说，20 世纪 80 年代中国刚改革开放的时候，主要面临的是温饱问题，即使是这种低端需求当时就对全球企业产生了强大的引力，现在随着经济总量扩大、人均收入水平提升、消费需求结构升级，市场引力更不会小。为什么所有国家、全球企业家都会盯着美国？还不就是因为其经济体量大、市场引力大。

《南风窗》：您所说的巨大消费市场，应该是建立在中国经济持续稳定发展的基础上的。但是现在国内外不少人都存在对中国经济的信心不足。

黄：冷静观察中国经济增长轨迹不难发现，从金融危机之前连续上升趋势、金融危机时期大幅波动进入到目前较为稳定的中高速增长区间运行。数据分析显示，1999—2007 年中国经济增速保持在上升通道，时间达 36 个季度。随着金融危机带来国际经济环境的剧烈变动，中国经济增长在 2008—2011 年间也经历了较大波动。从 2012 年开始，中国经济运行发生明显变化，经济增速虽然有一定的下行压力，但始终平稳运行在 6.5%—8.5% 的区间，形成了一个新的增长通道。预计未来中国经济增速也不会发生破位性变化，继续呈现相对平稳运行态势，也就是说大起大落、剧烈变化的概率很小。

我们还可以观察到,中国经济不仅趋稳,而且还出现了明显升级趋势。譬如,过去我们出口是以劳动密集型的中低端加工品为主,随着国际需求变化和国内劳动成本上升,出口企业在金融危机之后面临前所未有的困难。但最近两年发生了改变。仔细分析一下数据会发现,出口负增长的都是加工贸易,一般贸易并没有受到太多的影响,高科技产品的出口还在迅速增加,这说明我们的经济已经在转型升级了。

2015年底,亚洲开发银行曾发布报告表示,中国已经终结了日本作为亚洲最大高科技产品出口国的地位。2014年,中国出口的医疗设备、航空和通信器材等高科技产品占亚洲高科技产品总出口额的比例已经从2000年的9.4%上升至43.7%。而日本出口的高科技产品比例则从2000年的25.5%下降至7.7%。包括马来西亚和菲律宾在内的东南亚国家的出口份额也有所下降。同一年,低科技含量产品在中国出口中所占比例为28%,较2000年的41%有所下降。尽管仍有许多关键部件从其他国家进口,但中国在高科技制造领域已经取得了很大的进展。低端产业持续萎缩,GDP痛感明显,但必须承受。最先受到金融危机冲击的东部地区正在走出阴影。转型升级,谁转得快,谁就主动,区域如此,城市如此,企业也是如此。

青岛提供了一个传统制造业基地实现结构转换的可供借鉴的经济升级模式。青岛是中国重要的制造业中心,金融危机之后也曾经面临经济结构转换的迷茫与痛苦。2012年以来,青岛紧紧抓住全球经济转型的战略机遇期,依托传统产业基础着力推动经济结构转型升级,加快发展现代工业产业链及七大战略性新兴产业,一个现代制造业中心的新格局日益清晰。

另一个例子是杭州。最近几年，杭州的经济转型和结构调整趋势明显，以互联网为核心的新产业、新技术、新业态、新模式、新产品不断涌现，经济向中高端迈进的势头明显加快。

在经过 40 年的高速发展后，中国在全球的定位必须变化。中国的环境、劳动力和土地等成本已经无法支撑原有的"全球中低端产品世界工厂"的定位。我们只有向中高端转型升级。只要定位准确，坚持不懈，再经过二三十年的努力，我们就有可能成为先进的、中高端产品的制造基地。我们现在应该做的，不是挽留中低端产业，而是要尽快升级到中高端。

在这一过程中，我们首先要面对的、依托的仍然是巨大的中国内需市场，再在此基础上寻求与欧美市场、其他新兴市场的错位竞争。

《南风窗》：正如您上面说到的例子，现在中国经济的发展，不仅仅是区域之间的竞争，城市作为独立的经济单元越来越重要，城市与城市之间的竞争越来越激烈，您认为这对中国的城市发展会有哪些重大影响？

黄：经济升级的过程，往往伴随着城市的分化过程。比如，在上一轮经济全球化的过程中，由于制造业的全球化转移，既有新兴城市经济体的迅速崛起，也有美国出现的像"铁锈地带"城市。

我们现在已经可以明显感觉到，自从 2008 年全球金融危机至今，中国的城市已经发生了明显的分化。之前中国的大部分城市相差并不大，虽然体量不一，但外形类似，发展思路也类似，都是按照 GDP、招商引资、开发区、商业区等等这样的指标来考量城市发展的。

但随着经济升级步伐的加快，城市的功能开始分化。各个城市越来越重视城市独特的功能定位和经济结构优势。我们发现，往往是那些定位做得好，能集中资源在某些方面取得突破的城市，其发展的情形越好，潜力也越大。

城市的决策者也越来越认识到了这个问题。比如，新一轮的北京城市定位中，按照京津冀一体化要求，明确提出疏解传统经济功能。上海则突出自己的金融中心优势，同时做强国际航运中心、高端服务业中心和科技文化产业的中心地位。

《南风窗》：就您了解，全球化大企业在选择区域总部时的主要考量因素有哪些？具体而言，哪些城市有哪些具体的可借鉴的经验和教训？

黄：大企业为什么选择一个城市作为区域总部？一般而言，交通便利、区域辐射能力、税收优惠、地方政府的服务能力和亲商性等等都是非常重要的因素。

除此之外，大企业还会更多地考虑为雇员提供理想的生活环境，譬如良好的社会治安、秩序，便利的生活环境，还有人文基础、大学、科研院所，良好的教育、医疗，便捷的城市交通，价格合理而又宜居的住房等等，都是重要考量。

还有一些常被我们忽略，但事实上非常重要的因素，就是城市的宜居性，一个城市的整体物理和人文环境对身在其中的居民有着潜移默化的重要影响。在越来越注重生活质量的今天，一个环境清新、居住舒适的城市环境，对城市的整体竞争力有着极大的作用。

看看这轮中国房价上涨的数据，会发现，除了北京、上海这样资源集中的超级城市外，像厦门、苏州和杭州等一些兼有优美环境的城市的房价，往往比经济发展潜力相似的其他城市涨幅要高得多，这就是人们对城市生活的市场化投票。一些比较人性化的外企，会很注重给员工提供更好的居住环境，认为这样能激发员工的创造力，居住舒适度高的城市，员工素质也相对较高、稳定。

另外，从精神气质上而言，一个城市要有活力，必须能留得住人才，这就需要具有开放、包容的气氛，对人友好，"有容乃大"，才能建成海纳百川的国际化城市。就像说起国际化城市，我们常常会想起纽约一样。

《南风窗》：广州作为华南中心城市，广东省的省会，由于产业转型较为缓慢，近年来的发展受到了一定质疑，您怎么看待广州进一步发展的动力和空间，还可以从哪些方面加强自己对全球化大企业的吸引力？

黄：广州是一个有巨大发展潜力的城市。从最早的十三行贸易开始，广州就是中国对外开放的最重要中心城市之一。尤其重要的是，在新的全球化格局中，随着中国对外经济的扩展，广州的经济腹地事实上已经从中国的华南地区，密集地辐射到整个"南海经济圈"，乃至非洲和中东地区。

现在全球有三大活跃经济圈，即主要包括美国、加拿大和墨西哥的北美经济圈，欧盟经济圈，以及包括中日韩、东盟、印度和澳洲等在内的东太平洋和印度洋区域经济圈。其中我们所在的这个经济圈中，互相之间结合不像前两者紧密，但是相对而言是最为活跃的。尤其是包括中国的珠三角和东盟这一块，我称之为"南海经济圈"，经济发展稳定，中产阶级整体兴起，市场潜力巨大，是当前全球大企业争夺的重要市场。中国企业现在和未来在东盟和澳洲等地的发展深度和广度都非常大。

我们看一下世界地图就会发现，广州正好处在中国与东盟、澳洲等重要经济发展区域的中心位置。背靠中国经济最活跃的华南地区，面向整个东盟、澳洲、印度和非洲等，广州如果能成为中国经济与这些地区市场之间交往互动中心与枢纽，成为其中的贸易往来、高端服务业中心城市，其前景不可限量。

当然，要做到这样的中心城市，必须要有城市自身的整体提升。像中国香港和新加坡这样的国际化商业城市，有许多值得我们学习的地方，各种国际化的规则意识很重要，像法律、会计和一系列中介组织等等，和经济升级相关的，都必须要进一步成熟起来。在这一点，中国的城市目前还存在很多不足，基本上是处于同一起步点的。这就是中国经济升级的城市板。中国经济升级，需要产业、基础设施、科教文卫等各方面的升级，同时也需要作为整体的城市的升级。

最后我还想强调一下小企业在现代大城市经济中独特的地位。经济越发达，小企业对大企业的支持力度越大，小企业的地位也越重要，经济越成熟，小企业的基础也越稳固。具体体现为：一是高度专业化、高度社会化，使大企业需要众多小企业协作生产。二是成本、效率决定了大企业离不开小企业，小企业也可以在大企业的生态链里成就自己独特的竞争优势。三是成熟的消费驱动型经济模式是小微企业经济地位的坚实基础。分析现代市场经济国家"大企业"与"小企业"的经济结构特点，并不是畸轻畸重的战略偏好，而是有机结合的战略安排。综观第二次世界大战以后发达国家经济战略，在经济学界存在这样的共识：一方面，国际竞争与国际地位取决于大企业的数量与质量，尤其是在全球有影响力的跨国大企业的数量；另一方面，国内稳定与经济基础往往取决于小企业的活力，尤其是在为大企业服务中脱颖而出的专业化小企业和深入为居民服务的百年老店数量。二者不可偏废，否则将导致战略畸形，经济增长陷入不可持续。

发达经济体货币政策可能重回正常化

以美联储计划启动缩表为代表，全球主要经济体货币政策正在发生新的变化，体现出一定的趋向性。回顾分析金融危机前后全球主要经济体货币政策变化轨迹，有许多宝贵的经验和教训值得认真吸取，甚至可以为大型经济体货币政策制定提供一定的借鉴。

一、美联储缩表意向表明非常规货币政策已完成使命

美联储于 2017 年 6 月议息会议宣布将于年内启动缩表并公布缩表计划后，缩表问题一直牵动着市场的神经，成为各界广泛关注的话题。我们认为，要理解美联储的缩表问题，首先需要理解美联储当初为何扩张其资产负债表规模，实施非常规货币政策；次贷危机十年之后，美联储不断发出清晰的缩表意向，其实质是美国货币政策打算回归正常化。

美联储当初实施非常规货币政策，目的是避免美国金融市场崩

溃，拯救美国经济。2008 年经济危机爆发，对美国经济造成巨大冲击。美国房地产抵押贷款巨头房地美、房利美巨亏，被美国政府接管，华尔街五大投行中，贝尔斯登和美林证券相继被银行收购，雷曼兄弟破产。美国金融市场整体陷入流动性危机，市场持续紧缩，银行惜贷现象严重，失业率大幅上升，恐慌情绪快速蔓延，资本市场、外汇市场剧烈波动。

美联储为应对危机，早期悉数使用了传统的货币政策工具，通过公开市场操作、降低联邦基金基准利率、降低贴现率等方式对金融市场进行全面干预。2007 年 9 月至 2008 年 12 月期间，美联储连续降息 10 次，将联邦基准利率由 5.25% 降至 0%—0.25% 的"零利率下限"水平。然而，常规的货币政策严重失灵，美国经济并无明显起色，陷入持续衰退状态，2008 年四季度美国 GDP 增长率为 –6.2%，失业率大幅攀升至 7.30%。

危机持续恶化导致整个美国银行体系急剧收缩，银行业不良贷款率大幅上升，次贷危机爆发的 2007 年，美国银行业不良贷款率较前一年提高 0.6% 至 1.40%，此后一路攀升至 2009 年 5% 的高点。美国超大型银行的股价暴跌，银行股价平均跌幅达到 70%，花旗银行和美国银行的股价跌幅更是超过 90%。2009 年和 2010 年美国银行倒闭数量分别达到 148 家、157 家，是 20 世纪 80 年代储贷危机以来的最高水平，金融行业整体受到重创，损失惨重。

传统货币政策工具效果不佳，主要原因来自两个方面：一方面，在利率水平降至接近零的时候，传统货币政策工具的作用空间也接近于零，无法解决市场流动性紧缩问题；另一方面，经济危机导致银行业自身资产负债表急剧收缩，财务状况持续恶化，制约了美联储的货币投放机制和效果。货币创造过程需要中央银行和商业银行共同参与,在商业银行业体系受到冲击、惜贷情绪严重的情况下,货币乘数必然急剧下降,流动性紧缩就是不可避免的。次贷危机爆发后,美国银行业的资产负债表受到冲击,银行业总资产增长率下降,银行信贷增速迅速下滑,其中,房地产贷款增速由2007年的6.8%下降至2009年的−5.5%,消费贷款增速由2007年的9.8%下降至2009年的−3.8%,工商业贷款增速由2007年的18.8%下降至2009年的−18.5%。在这种市场背景下,虽然美国基础货币总量由2008年初的8300亿美元迅速增长到2009年底的超过2万亿美元,但同期货币乘数却从危机前的8以上跌落至2009年底的4.2。银行业货币派生能力几近丧失,美联储使用传统货币政策工具无法有效地向市场注入货币。流动性危机导致企业、居民借款人和银行的财务状况均趋于恶化,进一步限制了信贷流动,致使经济衰退更加严重。

在此背景下,美联储被迫采取非常规货币政策。在借鉴日本央行21世纪初量化宽松政策购买国债经验的基础上,根据美国市场实际情况进行了创新,先后实施了三轮量化宽松(QE)和两轮卖出短期债券买入长期债券(OT),通过直接从市场购买美国国债、抵押贷款支持证券(MBS)和政府机构债券等形式,扩张资产负债表,向市场提供流动性,压低长期利率,稳定银行信用,恢复市场信心,以促进企业投资和居民消费,刺激美国经济复苏。

在美联储非常规货币政策的刺激下,美国经济开始复苏。2010年至2016年,美国年均GDP增速为2.1%,基本保持了稳定增长态势。美国国内失业率由危机时10%的峰值大幅下降至2018年5

月的 3.8%，为 18 年来的最低水平，就业市场已基本达到充分就业水平，居民收入增速开始提高，消费①、投资增速和房地产市场显著回暖，通胀水平也逐渐接近美联储 2% 的目标值。美国股票牛市已经持续 8 年多，道琼斯指数突破 22000 点大关，三大股指持续上涨连创新高。

随着美国经济持续复苏，非常规货币政策的实施条件逐渐消失，美联储的货币政策客观上需要回归正常化。美联储庞大的资产负债规模和长期宽松的货币环境增加了美联储货币政策管理难度，增加了金融市场的潜在不稳定性。由此，美联储提出货币政策回归正常化，既是前瞻性考虑，也是居安思危之举，更是为应对未来可能出现的经济再次衰退或新的危机提前做好准备，预留好充足的货币政策操作空间。

我们注意到，美国商业银行总体情况改善，货币派生能力恢复，为美联储缩表提供了条件。美国经济的持续复苏，推动了美国银行业总体情况改善，美国商业银行资产负债表不断修复，货币派生功能逐渐恢复，为美联储实施缩表计划创造了条件。截至 2016 年底，美国商业银行资产负债表规模达到 16 万亿美元的创纪录高位；贷款规模稳步增长，其中工商业贷款规模突破 2 万亿美元，大幅超过经济危机前 1.5 万亿美元的水平；贷款质量持续改善，不良贷款率由 2009 年的 5% 持续下降至 2016 年的 1.32%；银行市值重

---

① 美联储纽约联储公布，截至 2017 年年末，美国家庭债务总额达到 13.15 万亿美元，连续第五年、连续第 14 个季度增长，年度负债刷新最高纪录，较一年前增加 5720 亿美元。2017 年年末，美国家庭债务规模约占全国 GDP 的 67%，低于 2009 年年初约 87% 的后金融危机时代高位，自 2013 年春季降至低谷后，家庭债务与 GDP 之比已回涨约 18 个百分点。

新增长，美国四大银行（摩根大通、富国银行、美国银行和花旗集团）总市值首次超过 1 万亿美元；银行业整体盈利能力不断提高，2016 年美国银行业总盈利增长 4.9%，达到 1713 亿美元；资本充足率总体稳定，2016 年二季度美国银行业一级资本充足率为 12.7%。2017 年美联储最新的压力测试结果显示，美国所有大型银行自金融危机以来首次全部通过压力测试，表明美国银行业抵御风险的能力有所提高。

从策略上看，美联储会严格控制缩表的系统性风险，采取渐进方式，逐步减少到期证券的本金再投资规模，短期内对商业银行资产配置和信贷经营带来的影响有限。实施量化宽松政策至今，美联储资产负债表迅速扩大，持续的量化宽松规模累计超过 3.5 万亿美元，导致美联储资产负债表规模从危机前的不足 1 万亿美元，扩大到 2017 年 8 月底的 4.45 万亿美元，其中持有证券 4.24 万亿美元，包含 2.47 万亿美元的国债和 1.77 万亿美元的抵押贷款支持债券（MBS）。

美联储扩表的资产方主要是市场上的债券，以国债和抵押贷款支持证券（MBS）为主，相应缩表也将从这两项资产着手。根据美联储公布的缩表计划，将通过减少所持证券回笼本金再投资的方式逐步减少美联储所持证券规模，起初每月缩减 60 亿美元国债、40 亿美元抵押贷款支持证券（MBS），之后每季度增加一次缩减规模，直至达到每月缩减 300 亿美元国债、200 亿美元抵押贷款支持证券（MBS）规模，缩表将持续到美联储认为资产负债表规模达到合意水平为止。

目前美国存款机构在美联储的法定准备金约为 1970 亿美元，

约有 2.28 万亿美元被存款机构以超额准备金的形式存放在美联储
的准备金账户当中，美联储缩表后，预计超额准备金的规模将会逐
渐缩小，短期内对商业银行资产配置和信贷经营造成影响。

还应该注意的是，美联储缩表与加息的传导路径和效果有所不
同。作为美联储货币政策回归正常化的两个主要措施，加息和缩表
都是货币政策紧缩的工具，两者分别通过"价"和"量"来影响市
场，其传导路径和效果有所不同。美联储加息是通过对基准利率的
调整来影响市场利率，基准利率的变化通过银行信贷利率、债券收
益率和汇率进行传导，增加居民和企业融资成本，影响居民消费和
企业投资，进而影响实体经济。缩表则是减少美联储自身资产负债
表规模，影响基础货币投放和债券收益率，进而控制全社会的信用
扩张。

二、发达经济体货币政策都面临调整

金融危机之前，全球主要经济体央行货币政策的主要任务为确
保币值稳定，防止通货膨胀；危机爆发后，虽然全球主要经济体纷
纷实行非常规货币政策，但因之后各国经济发展情况和复苏步伐有
所不同，2017 年之前主要经济体货币政策已经呈现出分化态势。

1. 美国：由于美国经济率先复苏，美联储于 2014 年宣布退出
量化宽松政策并于 2015 年首次加息，标志着美联储正式启动退出
非常规货币政策的进程。

2. 欧洲：危机爆发初期，欧洲央行主要在常规的货币政策框
架内实施宽松政策，下调利率并向市场注入流动性。2012 年欧债

危机爆发后，欧元区经济形势迅速恶化，2014年起欧洲央行开始实施更加激进的货币政策，先后宣布实施负利率政策和量化宽松政策。

3.日本：作为早在21世纪初便实施非常规货币政策的央行，日本央行在应对本次经济危机时先后实施了多轮量化宽松政策，向市场注入大量流动性，加大政府债券购买量，实施负利率政策。

2017年初以来，伴随全球经济体经济复苏同步性提升，主要经济体的货币政策也相应地由前期的分化逐渐转向趋同，并体现出一定的趋势性。

1.美国不断释放货币政策回归正常化信息，对全球主要央行货币政策具有强烈的引导作用。由于经济持续复苏，通胀相对稳定，金融市场表现强劲，股指连创历史新高，银行业资本充足率和盈利状况明显好转，劳动力市场已接近充分就业水平，美联储年内已经两次加息，同时公布了缩减资产负债表计划，并明确表示将较快启动缩表。

2.欧洲央行虽然维持资产购买规模和利率水平不变，但基于欧元区经济复苏进程有所加快，已开始考虑收紧目前的量化宽松政策①。市场对英格兰银行货币政策也预期收紧。

3.日本央行虽然还在维持宽松的货币政策，但受益于海外需求的复苏和国内经济环境的实质性改善，持续多年的货币宽松政策

---

① 欧洲央行管委、德国央行行长魏德曼（Jens Weidmann）在2018年2月末明确表示，德国乃至整个欧元区的经济增长都令人非常满意。若当前经济涨势持续、物价上扬，那么就应当在2018年结束QE。很多分析师认为，欧洲央行很快要积极削减其庞大的刺激计划，货币政策将加速走向正常化。

的实施空间正逐渐缩小，市场预期货币政策亦将由宽松逐步转入中性。

4.受经济增长动力强劲、薪资和通胀水平有所上升等因素影响，加拿大央行七年来首次加息，将基准利率从 0.5% 提升至0.75%，成为继美联储外第二家进入加息周期的发达经济体央行。

由此看来，全球主要经济体货币政策已逐渐呈现回归正常化的共同趋势。如今各主要经济体在货币政策上体现出的趋势性，可能意味着各国经济大都走出了最困难的时期，上一轮经济危机已经接近尾声。

三、值得重视的经验教训

回顾分析金融危机前后全球主要经济体货币政策变化轨迹，许多经验和教训应该记取。值得关注的是，全球主要经济体央行货币政策回归正常化，也不是简单走老路。

保持货币政策适度适当，尤其是在政策调整时，尽量避免造成冲击性影响，不能追求立竿见影的政策效果。20 世纪后期，美国开启了新一轮金融自由化浪潮，复杂的金融创新走向极致，完全忽视了金融衍生品链条的脆弱性，金融体系与实体经济的距离越来越远，金融体系杠杆率不断上升，潜在系统性风险不断积累。进入21 世纪，为应对互联网泡沫破灭和"9·11"事件后的经济疲软，2000 年至 2004 年期间，美联储一度连续十多次降息，将联邦基金利率从 6.5% 降至 1%，在融资成本下降和流动性过剩的刺激下，大量资金流向房地产市场，房地产泡沫被迅速吹大。2004 年 6 月后，美国又快速收紧货币政策，2年间连续17次提高利率，将联邦基金利率由1%提升至5.25%，导致房贷利率大幅上升，购房者还贷压力陡增，次贷衍生品风险相继显著上升，最终酿成了次贷危机。由此可见，虽然不当的宽松政策会催生泡沫，但如果采取过度紧缩政策，则又会迅速刺破泡沫，反而会引发行业性信用风险违约并酿成金融危机，之后波及实体经济，最终引发经济危机。因此，保持货币政策操作的适度性，尤其是在政策调整时尽量避免造成冲击性影响，是十分重要的；更重要的是政策制定者不能急功近利，力求立竿见影的政策效果。

货币政策一定要有前瞻性的考虑安排。货币政策变动对市场和经济的最终影响是需要一段时间才会显现出来的，因此在做货币政策调整安排时，不仅需要考虑当下的各项数据指标，还需要考虑后期市场可能的变化。正如前任美联储主席伯南克所言"你在足球比赛中传球给队友时，不能只盯着队友现在的位置，而是要考虑到队友在一定时间之后会到达的位置"。加强货币政策的前瞻性和针对性，核心就是要根据经济形势变化进行相机抉择，避免陷入教条主义。例如，虽然目前美国经济持续复苏，各项宏观经济指标也表现良好，确实为美联储货币政策回归正常化创造了条件，但若经济再次下滑，通缩压力增加，非常规货币政策仍然在政策考虑之内。

货币政策与金融监管不能分开，二者要相互配合。完善货币政策体系和金融监管框架，意在消除监管空白和监管套利空间，强化宏观审慎管理，防范系统性金融风险。本次金融危机后，美国在货币政策与金融监管方面的探索值得借鉴。在应对危机过程中，美联储迅速推行量化宽松政策的同时，进一步强化金融监管，尤其是 2010 年颁布的《多德—弗兰克华尔街改革和消费者保护法》对美国金融领域的潜在风险点做出明确的监管安排，使得宽松货币政策与严格金融监管相互配合、有效搭配，营造出相对良好的金融环境，促进了美国经济的复苏。

加强对系统重要性金融机构的监管是预防金融危机的有效措施。系统重要性金融机构规模大、复杂度高、与系统相关性强，其无序破产会对更广范围内的金融体系和经济活动造成严重冲击。回顾本次危机的演变过程，一个客观事实是大型金融机构经营失败导致美国次贷危机最终演化为全球金融危机。因此，加强对系统重要性金融机构的监管，降低系统重要性金融机构经营失败导致的风险溢出对整个金融体系的影响，就成为金融危机之后金融监管改革的重要内容，包括完善对系统重要性金融机构的监管标准，提升对系统重要性金融机构的监管强度，加强对系统重要性金融机构的压力测试等。

四、怎样认识金融危机以来中国货币政策？是否也存在回归正常化问题？

中国在国际经济危机后立即实施了强度很高的经济刺激政策，经济增长一度出现 V 形反转。2011 年开始货币政策从适度宽松转向适度收紧，但市场出现较大波动，经济增速明显回落。为稳定经济增长和金融市场，中国人民银行在总体上坚持稳健货币政策的原则下，根据形势变化灵活做出预调微调。2016 年下半年以来，随着经济增速持续稳定，中国人民银行更加坚定地执行稳健货币政策，保持货币信贷适度增长和流动性基本稳定。总体而言，中国人民银行采用的基本上都是常规政策工具，近年来所谓的"货币政策工具创新"也局限在常规手段领域。相对于美联储而言，中国人民银行的常规政策工具的空间很大，过去放松银根时没有使用过非常规货币政策工具，当前和今后一段时间也不存在"从非常规回归正常化"问题。

源自 20 世纪末的稳健货币政策，中国人民银行在操控时拥有较大的自由裁量权，总体上符合中国国情。当前面临的主要问题是怎样把握好货币政策调整的时机与力度，尤其是要评估近年来出台的"创新性货币政策工具"效果与长远影响，继续探索更加有效的货币政策工具。对于发达经济体央行在危机之前和危机以后货币政策制定与调整的经验教训，应该深入研究，积极吸取借鉴。譬如，货币供应量调控中要尽量避免央行资产负债表与商业银行资产负债表同步扩张或同步收缩。金融危机爆发时，商业银行体系资产负债表急剧收缩，美联储采取非常规手段扩张资产负债表，对于应对危机起到了关键作用；近年来，随着商业银行资产负债表的修复，美联储及时退出量化宽松政策并预期适当缩表，对于降低经济泡沫风险、避免金融市场剧烈波动更是具有前瞻性的安排。再譬如，货币政策调整一定要有前瞻性考虑和安排，把握好时机与力度，切忌立竿见影的政策思维；货币政策与监管改革要相互配合，加强对系统重要性金融风险的监管等等，也都是很有借鉴意义的。

此外还想强调的是，货币政策调整必须坚持"以我为主"的原则。我们在观察中发现，除少数国家和地区货币政策独立性较差以外，绝大部分独立经济体的货币政策调整一定是从本国或本区域自身出发，本国或本区域金融条件和经济情况才是决定货币政策的根本因素；不同国家的货币政策差异是与全球经济分化的背景相对应的，各国央行基本上都是根据各国实际经济情况，着眼于自身所面临的问题，制定符合本国国情的货币政策，对此无可非议。美国当初为应对经济危机率先采取量化宽松政策时，西方其他主要经济体并没有第一时间跟进，而是对美联储的货币政策提出批评和反对；当美联储决定退出量化宽松政策，使货币政策回归正常化时，同样遭到了外部的大量批评反对。应该看到，美联储货币政策变化一定会影响其他国家或经济体，但美联储货币政策调整的目的主要是解决美国自身面临的问题，其他国家或经济体几乎无法影响美联储的决策，所能做的或必须做的是防范或承担美国货币政策外溢影响。中国人民银行在把握货币政策调整的时机与力度时，应该聚焦于中国经济与金融市场，不能过分关注美联储的因素，更不能受制于美联储的决策。

理性看待美联储缩表行为[①]

2016 年下半年以来，美联储加息与缩表计划引发了全球市场的普遍关注，中国社会各界对此高度关注也不奇怪。然而，我们不仅需要在思想上高度重视，更需要从逻辑上对缩表的背景和含义、路径、影响等问题进行梳理，然后找出理性应对的方法。

"缩表"是美国货币政策正常化标志，随着美国经济金融形势改善，"缩表"操作一定会进行。

所谓"缩表"，表面上是美联储收缩资产负债表规模，其实质是美联储货币政策从"非常态"回归到"常态化"。在讨论美联储缩表问题之前，有一个重要的前提需要明确：美联储扩表源于货币政策的"非常态化"，美联储的零利率政策和量化宽松非常规操作的初衷，是防止美国经济被金融危机拖入"大萧条"，这也是前任

---

① 2017 年 7 月专题分析报告。

美联储主席伯南克主导下美联储在危机期间采取非常规货币政策的主因；当我们讨论美联储缩表问题时，不能脱离美国经济基本面的变化，就缩表谈缩表，需要将美联储缩表放在美国货币政策回归正常的框架中讨论。

2007 年次贷危机爆发以后，美国银行体系资产负债表迅速收缩并波及实体经济。为了对冲银行体系主动或被动收缩资产负债表，防止美国经济陷入"深度萧条"，稳定金融市场，美联储在 2007 年 9 月至 2008 年 12 月期间连续降息 10 次，将联邦基准利率由 5.25% 降至 0%—0.25% 的"零利率"水平。然而经济并无明显起色，在利率措施无计可施的情况下，美联储在 2009 年至 2014 年期间先后实施了三轮量化宽松（QE）和两轮卖出短期债券买入长期债券（OT），通过购买美国国债、抵押贷款支持证券（MBS）和政府机构债券形式，扩张资产负债表，压低长期利率，以促进企业投资和居民消费，刺激美国经济复苏。量化宽松规模累计超过了 3.5 万亿美元，导致美联储资产负债表规模从危机前的不足 1 万亿美元，扩大到 4.5 万亿美元。因此，缩表的背景是美联储应对经济衰退而采取的"非常规扩表"。

在经过长达 6 年的量化宽松之后，美联储资产负债表结构发生了巨大变化：资产端——持有美国国债的占比由危机前的 17% 升至 55%（2.46 万亿美元），持有的抵押贷款支持证券（MBS）从无到有，占比达到 40%（1.78 万亿美元）。负债端——金融机构存款占比由危机前的 2% 升至 55%（2.45 万亿美元），联邦票据（美钞）占比由危机前的 92% 降至 34%（但余额却由危机前的不足 8000 亿美元升至 1.49 万亿美元）。

在美联储史无前例的量化宽松政策下，美国长期利率快速降低，经济逐渐实现复苏，非农就业规模不断扩大，失业率由危机时 10% 的峰值大幅下降至目前的 4.4%，劳动力收入增速开始提高，消费、投资增速和工业生产显著回暖，通胀水平也逐渐接近美联储的目标值 2%。总体来说，美国的就业市场已经基本达到了充分就业的水平，劳动力市场表现也非常稳健。受量化宽松的推动和企业盈利好转的支撑，美国股市牛市从 2009 年至 2017 年已经持续了 8 年，三大股指都处于历史高位，估值水平也相对较高。美国经济的持续复苏，推动了美国商业银行资产负债表不断扩张，银行市值重新增长，尤其自特朗普当选美国总统以来，美国四大银行（摩根大通、富国银行、美国银行和花旗集团）的平均股价已累计飙升 30%，总市值首次超过 1 万亿美元。

尽管量化宽松政策在危机期间对稳定市场、刺激经济发挥了巨大作用，但迅速扩张的美联储资产负债表和长期宽松的货币环境也增加了美联储货币政策管理的难度和金融市场的不稳定性，人们对通货膨胀、经济过热从而产生泡沫的忧虑不断增加。随着美国经济复苏，经济运行观测指标逐渐逼近美联储预期目标，美联储于 2015 年 12 月实施了危机后的首次加息并开始考虑缩表，这标志着美国货币政策开始转向常态化，美元进入加息通道。

在货币宽松周期中，平坦的利率曲线有助于经济复苏，长端利率需要控制在一个相对较低的水平；而在紧缩货币周期中，过于平坦的利率曲线容易造成经济过热、引发风险，因而有必要扩大长短端利率水平差异。考虑到加息主要影响到短端利率，对长端利率的抬升程度有限，而美联储缩减资产负债表，减持长期债券则可以带动上端利率上行。

因此，美国联邦基金利率要逐步回升到中性水平，美联储资产负债表也要收缩到相对正常的水平。换言之，加息和缩表是分别对应此前降息和 QE 的退出步骤，缩表操作既是 QE 逆过程的一部分，也是美国货币政策正常化的一个环节，缩表操作一定会进行。此外，缩表也是美联储居安思危的举措，货币政策回归正常化可以为应对未来可能出现的经济衰退或新的危机提前做好准备，储备足够的货币政策操作空间。

无论是美联储的量化宽松政策，还是货币政策的逐渐回归，都会对美国经济和全球经济产生重大影响，因而美联储在缩表问题上是极其谨慎的。

美联储缩表的最终结果是使其自身资产负债表回归正常，其缩表进程受美国就业、通胀、金融市场等一系列因素影响。美联储缩表对美国经济和全球金融市场肯定会形成一定冲击，但最终冲击力度取决于缩表的规模大小与周期长短。倘若在美联储缩表过程中对消费者和房地产市场产生冲击，导致美国经济出现持续性的大幅度恶化，缩表的节奏和力度将会相应放缓。

首先，缩表本身对美国自身的增长复苏会带来一定程度的影响。美联储缩表虽然一定程度上起到了加息的作用，但其给金融市场所带来的潜在影响将大于加息。缩表将是一个较为长期的过程，市场普遍预计缩表时间约为 5 年甚至更长，缩表将会抬升美债收益率水平，对美股估值形成约束，也可能推高美国长端利率水平，提升融资成本，收紧金融环境。

其次，美联储缩表是否会带来更强势的美元目前尚存不确定性，还要看欧洲和日本的货币政策变化，以及欧元和日元汇率的变化。目前各经济主体经济复苏情况有所不同，货币政策也并不同步，欧洲和日本央行仍在实施量化宽松政策。主要经济体货币政策的分化也增加了全球金融市场的不确定性。

最后，需要关注美联储缩表政策所带来的外溢影响。美联储缩表将会对全球美元流动性产生影响，新兴国家有可能面临较大压力。经济危机后美国长期的量化宽松政策，造成全球美元流动性泛滥，大量的美元流入新兴经济体。随着美联储量化宽松政策的退出和缩表的启动，全球美元流动性面临收紧，新兴市场将面临更大的资本流出压力，将会增加汇率压力和债务风险，世界经济复苏的不确定性有所变大。

早在 2013 年 5 月，时任美联储主席伯南克曾释放缩减购债规模的信号，对市场进行试探，但市场出于对流动性迅速萎缩的担忧而陷入恐慌，出现了所谓的"缩减购债恐慌"。2016 年 5 月，纽约联储宣布进行总额不到 4 亿美元的国债和 MBS 出售，但如此小规模的试水也引发了市场的剧烈反应，次日美债和黄金就发生了显著调整。

2014 年美联储在其官网上发布《政策正常化的原则和计划》报告，明确了美联储货币政策回归正常的路径：首先，"联邦基金利率及其他短期利率正常化"。其次，"以渐进和可预测的方式，减少美联储证券资产的持有量，主要是停止到期资产的再投资，同时以停止 MBS 的到期再投资为主"。最后，"根据经济及金融发展的情况，调整政策正常化的细节"。

在美国经济稳步复苏的背景下，美联储在维持正常的加息节奏外，有意加快了货币政策回归正常化的进程，开始向市场提前吹风缩表计划。在今年 3 月份和 5 月份的会议纪要中，美联储连续释放出今年年底前可能会调整其资产的再投资政策的信号，抬升市场对美联储缩表的预期。

美联储在本次 6 月议息会议声明中指出，如果经济发展基本符合预期，今年将开始实施资产负债表正常化计划，通过减少所持证券回笼本金再投资来逐步减少美联储所持证券规模。具体方式为初期设定每月缩减规模，国债每月初始缩减规模为 60 亿美元，每季度提高 60 亿美元直至 300 亿美元每月上限；MBS 每月初始缩减规模为 40 亿美元，每季度提高 40 亿美元直至 200 亿美元每月上限。之后美联储的缩表计划将按照每月 300 亿美元国债和 200 亿美元 MBS 的节奏进行，直到美联储认为资产负债表规模达到合意水平为止。基于此计划，开始缩表的 12 个月内将缩减 3000 亿美元，第二年开始将每年缩减 6000 亿美元。

在缩表目标上，美联储对资产负债表缩减到多大规模尚无定论，只是指出"最终的资产负债表规模将大幅低于当前水平，但高于危机前的水平"。以纽约联储为代表的鸽派认为，美联储最终会将资产负债表规模收缩至 2.7 万亿—3.6 万亿美元。美联储前主席伯南克认为，美联储资产负债表的最终规模应在 2.5 万亿美元以上。

面对美联储缩表的溢出效应，其他主要经济体能够做的就是积极沟通、立足于自身经济主动应对。

美国作为全球最大的经济体，美元作为国际货币，美联储的重大举动势必会产生一定的溢出效应。我们希望美联储慎重决策，在决策过程中不仅考虑美国自身，同时考虑全球经济，加强与主要经济体及全球金融市场的协调和政策沟通，提高政策的透明度和可预见性，尽量降低负面的溢出效应。因为全球经济出问题，受影响最大的还是美国。

保持全球金融稳定也是美联储应该优先考虑的问题，次贷危机之后的背景决定了美联储推出量化宽松政策是别无选择之举，之后退出量化宽松政策也是基于经济金融稳定的判断，当前缩表取向更是对于未来金融稳定的前瞻性安排。

世界是普遍联系、相互作用和相互影响的。美联储货币政策正常化过程将影响国际经济和金融市场，进而影响到新兴市场和中国的经济金融环境，反之亦然。我们作为美国经济的重要关联方，所能做的事情就是去了解美联储为什么缩表，采取什么方式缩表，缩表的目标，评估美联储缩表的外溢影响效应，包括传导路径、对我国的影响，积极思考和筹备应对措施，并进行必要的压力测试。更重要的是，我们需要从解决自身问题的角度出发，调节我国经济与金融结构，防范金融风险，并从美联储决策过程和行动中吸取经验教训，改进我们的决策水平。

美联储货币正常化过程，是逐渐加息与缩表操作相互配合，并根据美国经济基本面或美国货币政策目标完成情况动态调整加息和缩表力度的过程。加息和缩表都重要，某种程度上来说缩表的影响甚至甚于加息，因为缩表影响的是长期利率，对实体经济的影响比联邦基金利率更直接。美联储货币政策正常化的进程（加息和缩表）与美国经济金融基本面密切相关，全方位的信息收集、综合分析与预判非常重要。

加强相关预测和研究分析工作是十分必要的。一方面，密切跟踪和分析美国经济基本面的变化，预判其经济前景；另一方面，加强对市场信息的收集和分析，尤其是关注市场情绪的突变。在技术层面需要观察美元汇率、美债收益率、美国股市和通胀率、失业率等指标的变化，分析在强势美元情形下我国资本外流、贸易摩擦、人民币汇率与利率所面临的压力。在政策决策层面，还应积极研究美国加息、缩表对中国经济金融带来的挑战，立足于我国宏观经济金融政策目标，深入观察中国信贷市场、货币市场、汇市、债市、股市、楼市和实体经济复苏情况，对人民币汇率、利率、资本跨境流动等进行前瞻性调控，尤其是引导市场预期，做好压力测试、风险研判和政策储备，以应对美联储货币政策正常化过程中溢出的风险，保障我国经济的持续健康发展。

附件 2

重新认识票据与票据市场功能，寻找舒缓货币矛盾的现实路径[①]

　　面对近年（2011）来经济持续下行，通货紧缩、流动性陷阱逐渐成为人们普遍关注的焦点，中国人民银行为此付出了不懈的努力。例如，几次降准、降息，创新货币政策工具（SLO、SLF、MLF、PSL），并尝试结构性的定向与差别化调控，引导市场资金流向与市场利率走势，努力缓解实体经济的"货币饥渴"。然而，这些措施都面临"货币传导机制失灵"的困境，新增货币难以流到实体经济。

　　比较各种货币政策工具在实体经济运行中的货币循环效应，我们认为中央银行的再贴现始终是一个比较有效的工具。与其他工具相比，通过票据的签发、承兑、贴现、转贴现和再贴现等业务流程，票据市场把企业、商业银行、中央银行更为紧密地联系在一

---

　　① 这是一份完成于 2015 年底的专题报告。曾经以《应该重新认识票据与票据市场的功能》为题，发表于《征信》2015 年第 10 期。

起，成为货币流通、社会资金循环和货币政策传导的重要通道。因此，重新认识票据功能，拓展票据发行、流通、贴现、转贴现市场，发挥再贴现的传统货币政策工具作用，对于舒缓近期中国经济恢复期特殊的货币矛盾，具有十分重要意义。

一、票据与票据市场具有特殊的经济功能

票据是个很广泛的概念，一年期以内的可以转让的债权债务凭证都称为票据。简单来讲，商业票据就是一张欠条。例如，甲企业买了乙企业的货物，不付现钱而代之以欠条，承诺到期还款给乙企业，这就是最早的票据。严格来讲，票据是指现代市场经济中，企业或个人签发的体现债权人与债务人信用关系的书面债据，可以转让，作为支付和流通手段，也可通过贴现和再贴现，作为融资工具。在汇票、本票和支票的发行、担保、承兑、贴现、转贴现、再贴现过程中形成了一个特殊的金融市场，即票据市场。按照票据发行主体划分，有银行票据市场、商业票据市场；按资金属性来划分有商业票据市场和融资票据市场；按交易方式来划分有票据发行市场，票据承兑市场和票据贴现市场；按照票据的流转划分，票据市场分为三个层次：一是企业间市场，在这个市场层面上，企业签发、承兑、背书转让商业汇票；二是银企间市场，在这个市场层面上，银行为票据提供承兑，企业到银行贴现票据；三是银行间市场，在这个市场层面上，银行从事票据转贴现、票据回购和票据再贴现等业务。

票据的机能一旦与信用制度结合起来，可以作为购买手段和支

付手段，且可以流通转让，就执行了货币职能，成为信用货币，以补充货币流通量不足，或代替货币流通。在一个多层次、发达的金融市场上，票据也是重要的投资工具，也是中央银行重要的货币政策工具。

——票据的原始功能正在变化，汇兑功能不断萎缩，但支付功能却很顽强。

票据的汇兑功能指票据作为现金与现金中介的功能，即人们在异地支付交易款项时，先将现金转化为票据，然后在异地再将票据转化为现金用于支付的功能。票据的汇兑功能是票据使用的直接动因。作为票据原始性功能的汇兑功能，在现代社会经济生活中仍然具有极为重要的作用。但是，由于现代电汇业务的发展，票据作为汇兑工具的职能正在不断萎缩。

票据的支付功能是指在交易中以票据的支付代替现金的支付。这也是票据的一项最原始、最简单的功能。当票据作为汇兑工具的功能逐渐形成后，在交易中以支付票据代替现金支付的方式逐渐流行起来。在大量的商品交易活动中，金钱支付的需要经常发生，如果直接以现金进行交付，在需要频繁支付或支付较大数额的情况下，现金保管、清点交接的工作将消耗大量的人力和物力。商人们为了方便交易，就在支付时不再由付款人凭票据提取现金，而是直接将票据交给交易对方，交易对方可以灵活地处理票据，既可以自己去提取现金，又可以拿票据支付自己欠别人的款项，此时的票据支付就代替了现金的支付。可以说，票据作为商品交换活动中的主要支付手段，既是商品经济发展的需要也是商品经济发展到较高阶段的表现，人类社会从以物易物的支付到一般等价物即货币的支付，再从货币的支付到票据的支付，反映了支付手段从低级到高级的发展历程，同时也是商品经济从低级到高级的发展历程。

支付与结算从来都是结合在一起的。票据的结算功能指在商品交换中，各有关当事人之间相互欠款或存在相互支付关系时，可以利用票据行使货币的给付功能，即通过票据交换收付相抵，冲减和抵销相互债务。例如，甲商人向乙商人购买货物，甲向乙签发了票据，而此前乙签发的以丙为受款人的票据经过数次背书转至甲的手中，甲、乙就可以利用票据结算。

无论是票据结算，还是票据转账结算，或者票据交换结算，都是将票据用作结算工具。可以在当事人之间进行结算的票据，既可以是相互签发的票据也可以是因背书转让而从他人手中取得的对方签发的票据。利用票据进行结算，尤其是复杂、长期往来多次多项的结算，不仅手续简便，而且保证了交易安全，因此票据的结算功能虽然出现得相对晚，却越来越受到各国的重视。

——票据的衍生功能不断丰富，流通功能越来越重要，但其基础是信用功能。

票据的流通功能指票据代替货币在一系列交易主体之间转让的功能。票据作为支付工具，从一个交易主体流转到另一个交易主体，这本身在某种意义上显示了其流通性。自从背书转让制度出现以后，票据的流通性就大大加强，持票人可以将他的票据背书转让给他人，而且在票据到期前，转让的次数没有限制。所以，票据具有较为强大的流通功能。当然，票据的流通并不完全等同于货币的流通，因为票据的流通不像货币那样具有法定强制性，只有在愿意接受票据的当事人之间，才存在票据的流通。票据的流通功能比汇兑功能和支付功能出现得晚，但正是票据流通功能的出现才使票据的功能有了飞跃性的发展，甚至可以说，票据的作用只有通过其流通性才能表现出来，正是票据流通功能的产生，才使票据成为真正的有价证券。票据的流通功能是通过票据的背书转让实现的。接受票据支付的持票人，在票据到期前如有新的支付需要，就可以将所有的票据经背书后转让给第三人，从而使一张票据实现多次支付，最终实现票据的流通。而且，由于背书人对转让的票据有担保付款的义务，因此票据上的背书次数越多，票据的流通力越强，其信用价值也越高。同时，利用票据的流通功能可以进行多次商品交易，从而达到节约商品流通中的货币资金、加快货币周转速度的作用。

票据信用功能指当票据出票人或者背书转让人出票或背书转让时，已经得到基于一定票据基础关系而由对方给付的相应对价，如货物、劳务等支出，但出票人或背书人仍可以通过在票据上记载将来的某一时间为付款日，从而在事实上获得了相应期限内的对方给付对价的所有权或使用权。在市场交易中，最初是交易和付款同时进行，称为现货交易。现货交易不存在付款人将来能否支付价款的问题，所以也不存在收款人对付款人支付货款的信任问题，即付款信用问题。后来出现了交易与付款并不同时进行，而是在交易之后的一定日期再予以付款的情况。接受将来付款的交易人，是基于对付款人的信任而同意期后支付的，这种交易也就存在信用问题。票据，特别是远期票据，是代替将来货币支付的一种工具，本身表现了收款人对付款人的信任和付款人的信用，所以具有信用职能。与票据的汇兑功能、支付功能和流通功能相比，票据的信用功能的形成是相当晚的，但它一经形成，就立刻成为票据的最主要的功能，在商品经济的发展中，发挥着相当重要的作用，甚至被称为票据的生命。可以说票据的汇兑功能克服了金钱支付在空间上的障碍，而票据的信用功能克服了金钱支付在时间上的障碍。票据的流通性使票据的信用功能从交易当事人之间走向整个社会信用，进一步扩展了票据作为信用工具的功能。今天，在电子商务高速发展的情况下，票据的汇兑功能、支付功能受到一定影响，但票据的信用功能却不会受到太大冲击。

——票据的另一个衍生功能，就是市场融资与投资工具，进而成为中央银行的货币政策工具。

利用票据融资就是利用票据调度资金，它是通过对未到期的票据进行贴现、转贴现或再贴现实现的。在票据所载付款日期到来之前，持票人因资金困难或其他原因将票据卖给买卖票据的经营者，该经营者再将票据卖给需要票据的人，从中获取买卖差价。即使经营者不将票据再行卖出，他也可以在到期日获得付款。由于有获利的可能，买卖票据的业务就发展起来，称为票据贴现。

在我国，银行经营贴现业务的主要目的是向需要资金的企业提供资金。但在国际贴现业务中，贴现对于双方来说更重要的意义在于获得资金和获利。持有未到期票据的持票人在票据所载付款日期到来之前极有可能发生资金调动困难的情况，因此，持票人经常寻求将手中未到期的票据以买卖方式转让于他人；而对于收买人来说，收买未到期的票据，再将该票据卖给需要用票据进行支付或结算的人，就可以从买卖票据的差价中获利，即使不能获利，也能在到期日取得票据记载金额的付款。由于有获利的可能，现代票据市场一方面买卖到期票据，另一方面买卖未到期票据即对票据进行贴现，票据贴现解决了资金流转中的困难，因而具有融资的功能。票据贴现制度出现以后，票据的融资功能日益显现起来，贴现业务也成为金融机构一项重要的业务。

由于票据具有支付工具和结算工具的职能，在行使这两种职能的同时，现实经济生活中的货币使用量自然减少。不仅如此，票据的流通性更加强了其节约货币的职能，由于票据的每次转让都会节约一笔货币，而且在到期日前，票据的转让次数是无限制的，所以，节约货币的职能随转让次数的增加而增加。票据流通次数越多，其流通价值越大，替代货币的作用越大。同时，票据的贴现、转贴现、再贴现等融资功能，使得中央银行能够通过贴现率和贴现政策影响现实经济中的货币流量，从而以金融手段调节经济。

二、我国对票据作用的认识有一个不断深化的过程

在我国，对票据经济功能的认识有一个不断深化的过程。20世纪八九十年代，由于企业自身的问题和广泛的社会缘由，造成"三（多）角债"问题愈演愈烈，正常的商业信用受到严重损害，这一时期的商业汇票承兑、贴现业务主要是为防止企业间赊销、相互拖欠而推出，适应了当时企业资金流转融通渠道缺乏，企业间信用机制相对落后的实际，票据在此期间作为一种银行信用成为企业间的支付结算工具。1982年为打开企业之间的债务链，解决困扰企业的"三角债"问题，人民银行率先在上海开展了同城商业票据结算业务，票据的贴现业务也开始试点，此后，票据结算从同城逐步推广到异地。

1994—2000 年，票据主要作为支付结算工具，起到商业信用保证作用。1994 年，中国人民银行先后颁布了《商业汇票办法》《再贴现办法》和《信贷资金管理暂行办法》以及《关于在煤炭、电力、冶金、化工和铁道行业推行商业汇票结算的通知》、《关于棉花调销推行银行承兑汇票贴现与再贴现的通知》《关于下达再贴现额度的通知》。此后，中国人民银行会同有关部门提出在"五行业、四品种"（煤炭、电力、冶金、化工、铁道和棉花、生猪、食糖、烟叶）的购销环节推广使用商业汇票，开办了票据承兑授信和贴现、再贴现业务，至此票据业务才真正开始有了较大的进展。1995 年 5 月，制定了《中华人民共和国票据法》，为中国票据市场的规范发展奠定了法治基础。

此阶段票据市场的主要特征有：（1）票据承兑量远远大于贴现量（即累计贴现/承兑比远远小于 1），1994 年累计贴现/承兑比仅为 7.66%，到 2000 年比值上升到 86.49%；（2）票据业务中，银行承兑汇票占 95% 以上，商业承兑汇票占比较小。

到了 21 世纪初，票据开始作为信贷规模调节工具发挥作用。2000—2009 年，票据作为银行重要的信贷规模调节工具，起到"蓄水池"作用。21 世纪初，我国经济发展迅速，存款和信贷规模增长较快，由于票据资产兼具较好的流动性和营利性，银行通过增持票据挤占多余信贷规模，当信贷规模紧缺时，银行通过释放票据支持传统信贷业务的投放。按照我国现行票据业务管理体制，贴现纳入信贷规模统一管理，使得票据贴现业务较易受到货币信贷调控政策和银行信贷经营策略的影响。

从 2000—2012 年金融机构票据承兑余额和贴现余额各自在各

项贷款余额中的占比变动情况看，承兑余额在各项贷款中的占比保持一个逐级波动上升的趋势，大体反映出票据承兑业务相对于贷款业务保持较为独立发展的走势。同期，金融机构票据贴现余额在各项贷款中的占比波动明显，且与货币政策调整保持紧密的相关性。其间，按季末数据测算，票据贴现余额在各项贷款中占比均值为5.49%，季末贴现贷款比平均偏离均值约为1.74%，偏离幅度均值约为31.70%；其中，季末贴现贷款比最高值、最低值分别为10.12%和2.01%，最大振幅超过了8.10%。贴现贷款比波动明显，且波峰和波谷相间，与货币信贷调控周期相应，反映出票据业务发展深受货币信贷调控政策、各商业银行内部经营策略和资源配置影响的现实。

在此阶段票据市场的主要特征是：（1）贴现余额不断增加，从2001年的0.28万亿元逐渐增加到2009年的2.4万亿元，达到历史最高点；（2）贴现增长速度快于承兑增长速度；贴现余额/承兑比值较高，均保持在50%以上；累计贴现/承兑比明显高于20世纪90年代，均在130%以上。

自2010年以后，票据作为重要的资金融通工具活跃于金融市场。2010年至今，受信贷规模持续调控限制，票据贴现余额持续保持低位运行，导致其调节规模的作用逐渐弱化（信贷属性），而其资金融通的作用越来越显著（资金属性）。2010年以后央行加大了信贷规模的调控力度，银行在监管时点纷纷压缩票据资产，票据融资快速增长的时代进而终结。同时，银行加大了票据理财、票据同业业务等产品的运作，票据资金化趋势不断加快。

在此阶段票据市场的主要特征大致包括：（1）累计贴现量大幅

增加的同时贴现余额有所回落；累计贴现/余额比值从21世纪第一个十年平均600％迅速增加到2010年以来的1660％，提高了近两倍；（2）贴现余额/承兑比值有较大下降，从2000年到2009年的50％以上下降到2015年的30％左右；（3）回购业务大幅增加，16家上市银行2011年和2012年披露的买入返售票据分别是同期贴现余额的2倍和3倍，2015年5月份部分银行机构的数据也显示了同样的规律。

三、在创新性工具传导不畅的情况下，传统的再贴现手段或更有效

面对近年来经济下行压力，中国人民银行综合运用公开市场操作、流动性调节创新工具（SLO、SLF、MLF、PSL）以及降准降息等多种工具调节市场流动性并引导资金利率下行。然而，基于中国独特的经济和金融结构，央行的上述工具很难直接传导到实体经济，特别是广大的中小企业，低价资金更易于流入同业市场，实际融资成本未能显著下降，实体经济融资难、融资贵的局面依旧。

M_1增速较低，非金融企业流动性相对不足；准货币增长较快且资金主要流向非银行业金融部门。6月末，M_1增速4.3％，同比下降4.6个百分点，环比下降0.4个百分点，增速处于历史低位，反映出非金融企业流动性相对不足，企业处于观望期，扩大再生产意愿不强，需要新增的日常经营资金有限。6月末，M_2增速11.8％，同比下降2.9个百分点，环比上升1个百分点；从构成上看，准货币（M_2-M_1，包括单位定期存款、储蓄存款和非存款类金融机构存

款）比年初新增 9.7 万亿元，其中，受资本市场活跃因素影响，非存款类金融机构存款比年初新增 4.2 万亿元、增速 47.9%，在准货币新增中占比 43%；单位定期存款、储蓄存款新增分别为 2.5 万亿和 3.1 万亿元，增速分别为 8.4% 和 6.1%。

资金价格整体下降，短端利率降幅高于长端，利率曲线陡峭化趋势明显。央行多次降息降准带动市场利率全面下降，但各期限、各品种利率降幅存在结构性差异。货币市场利率明显回落，银行间市场利率已降至近 6 年来低点，6 月末隔夜、3 个月、1 年期 SHIBOR 较年初分别下降 2.27 个、1.9 个和 1.34 个百分点。中长期国债收益率降幅较小，6 月末，银行间市场 1 年期、3 年期、5 年期、7 年期、10 年期的国债收益率较年初分别下降 1.52 个、0.47 个、0.3 个、0.07 个和 0.02 个百分点，利率曲线陡峭化特征明显，反映出实体经济领域中长期利率难以同步降低。考虑 GDP 平减指数连续两个季度为负（6 月末为 -0.5%），通缩风险加大，实际融资成本有所上升。

2012 年开始，中国经济进入了艰难的恢复期，经济运行维持在 7%—8% 的增长通道并呈现下行趋势，各种社会经济矛盾纠结、积累，货币政策制定者的智慧也面临极大的考验。尤其是怎样增强货币注入实体经济的有效性，一直是令决策层头痛的问题。深入观察和比较分析之后我们意识到，在创新货币政策工具，甚至不得不采取非常规货币注入手段的同时，还应该重新认识票据再贴现的政策功能。

与直接融资市场高度发达的美欧市场不同，作为货币市场的重要组成部分，中国的票据市场能够通过票据的签发、承兑、贴现、转贴现和再贴现等业务流程，将企业、商业银行、中央银行有机地联系在一起，并成为连接银行、非银行金融机构以及企业资金流动的重要纽带。特别是对于产业链中的企业而言，基于同一产业链甚至基于一个大型核心企业集团的交易，更为直接和稳定，通过票据市场的联系则更为直接和紧密。

从国际实践上看，票据市场的规模不断扩大，中央银行借助票据再贴现甚至公开市场操作有效地传导了货币政策意图。尤其是再贴现，由于有真实贸易背景的票据作为支撑，央行提供的资金能够直接对接实体经济需求；可以通过做大再贴现规模并不断创新和差异化，进一步增强支持经济的效力。此外，随着利率市场化推进和金融市场快速发展，央行货币政策正逐步从数量型政策工具为主向价格型政策工具转变；在这个过程中，丰富票据再贴现功能亦可进一步完善利率曲线。

一是将票据再贴现细分为流动性再贴现和信贷政策支持再贴现，设立支农支小再贴现专项规模并给予差异化价格安排。流动性再贴现主要是央行对存款类金融机构提供的以票据为基础的流动性支持。信贷政策支持再贴现主要是针对满足一定宏观审慎标准的金融机构的支农支小领域票据再贴现需求，鼓励银行加大对小企业和涉农贷款投放力度；制定信贷政策支持再贴现专项额度，给予再贴现率优惠，最大限度发挥再贴现对经济薄弱环节的支持作用。

二是将再贴现利率纳入市场利率曲线。在做大票据再贴现市场深度、广度的基础上，尝试将再贴现利率与中期借贷便利（MLF）一起作为中期利率的重要组成部分，根据经济形势需要，通过主动调整再贴现率引导实体经济的中长期利率同步调整，增强央行调控能力。

三是大幅增加再贴现规模。据了解目前全国再贴现余额仅1500亿元左右，占全国票据承兑余额的1.5%左右，占全国贷款余额的0.17%左右，平均一个省区市只有30多亿元，与每年全国贷款增量及其他货币政策工具投放量相比微不足道，可以说基本放弃了再贴现政策工具的作用。鉴于再贴现业务都是直接作用于实体经济中的具体企业，比大水漫灌式的投放更具针对性和实效性，货币政策意图传导更为畅通高效，能切实解决实体经济融资难、融资贵的问题，因此，央行应大幅增加再贴现规模，充分发挥再贴现货币政策工具的作用。

四是调整再贴现业务办理模式。目前再贴现业务采取回购式，即商业银行向中国人民银行办理再贴现只能解决对应的资金问题，而不能从商业贷款规模中下表，因此，在信贷规模紧张时期，商业银行不愿意把有限的规模资源用于办理再贴现业务，以致部分地区仅有很少的再贴现规模甚至没有用满用足。因此，要发挥再贴现政策工具的作用，必须尽快将回购式再贴现改为卖断式再贴现，既解决商业银行资金又解决贷款规模，商业银行可以腾出规模再投放贷款支持更多的实体企业。考虑到卖断业务托收回款工作量较大，中国人民银行可以委托商业银行代为办理。

五是进一步简化再贴现业务流程。目前再贴现审批流程烦琐（签字人员多达十几人）、审批时间较长（1—2周时间）、各种纸质材料冗余，加上各地区人民银行营业部门操作相对不足，系统设备比较落后，加上没有考核的动力，整体业务效率会大打折扣，票据审查审批通过率较低，往往商业银行提供的票据有很大比例不能办理，也影响了办理再贴现的积极性。再贴现类似转贴现交易，信用风险及操作风险很低，应从关注实质风险角度出发，精简业务环节和审批流程，统一全国再贴现标准化流程，提高交易效率。

六是重点推动电子票据再贴现业务。中国人民银行电子票据系统自 2009 年上线以来发展速度比预期相差甚远，目前的市场比例只有 15%，没有发挥电子票据风险小、成本低、贸易便捷、交易快捷等诸多优势，原因是多方面的，但有一个重要原因缺乏再贴现政策的支持。电子票据是票据市场的发展方向，便于操作也便于监管，中国人民银行应该充分运用再贴现工具，重点支持电子票据再贴现，推动引导企业和商业银行运用电子票据，并通过电子票据这一工具加快建立全国统一的票据交易平台和规范有序的交易市场。

七是适度调整再贴现票据标准。目前再贴现业务除对票据金额、期限、贴现利率等有严格限制外，同时对企业、投向等也限定在中小、"三农"等较小的范围，造成了部分商业银行甚至凑不齐符合再贴现要求的票据。在目前经济低迷的背景下，央行应主动调整再贴现票据的标准，扩大受惠企业或行业的范围，发挥再贴现政策直接对接支持实体经济的作用。

从政策效果上来看，再贴现政策不仅可以影响到市场中货币的数量，更重要的是再贴现利率的调整会影响到市场利率水平，从而对经济产生重大影响。在我国经济稳增长、调结构，货币供应方式也已发生变化的当下，应该更加重视再贴现等传统货币政策工具的运用，发挥其不但能调总量，还能调结构的优势，让实体经济发展获得有效的金融支持。

经过多年的培育成长，我国票据市场已得到极大发展，票据市场大幅扩容，融资交易活跃，货币政策传导功能增强。2012—2014年，全国企业商业汇票签发额分别为17.9万亿、20.3万亿和22.1万亿元，金融机构贴现额分别为31.6万亿、45.7万亿和60.7万亿元，票据融资占各项贷款比重2015年一季度上升至3.6%，同比上升1.1个百分点。

票据融资凭借其便捷性、灵活性、低成本等突出优势，不仅成为众多企业支付结算和短期资金融通的首选，更加有利于降低实体经济融资成本，促进货币直接注入实体经济，而且能有效调节经济运行结构。从实际情况来看，由中小型企业签发的银行承兑汇票约占了市场份额的三分之二，有效加大了对实体经济，特别是小微企业的融资支持。

由于签发商业汇票的企业信誉度一般较高，违约率较低，且承兑时有商业银行进行风险把控，再贴现等票据业务开展风险较小。增强再贴现工具在货币政策传导中的作用，央行需要进一步制定完善相应的政策措施，核定再贴现额度，不要在总行层面上进行具体上的操作，而是授权各个地区中心分支行采取电子出票方式来运作，同时简化操作程序，降低交易成本，最大限度地贴近市场需求。

下 篇

思维质变是消除中国经济
"成长烦恼"的金钥匙

国家意识的思维质变

——经济升级之后需要重点培养大国意识

过去十几年（尤其是 2000 年以来），中国经济总量和经济结构都发生了巨大变化，大国经济特点日益明显。随着经济体量增加和结构升级，当前中国经济在增长规律、调控方式等方面都呈现出与以往不同的特点，不仅宏观经济观察要有大国思维，宏观经济政策设计也要主动培养大国意识。

一、培养大企业的国家战略意识

第二次世界大战以后，世界主要大国实现国家战略的基本路径已经由军事手段变为经济手段，利用跨国公司实现国家战略是其重要方式。许多西方跨国公司为了获得全球垄断利益，也愿意借助国家力量，主动充当国家战略工具。最典型的是美国政府，在国际政治经济和外交活动中注意发挥大企业的作用，要求其为国家战略服务，当然也会维护大企业利益，注意培育大企业的国家战略意识。从国际经验来看，大型经济体培育大企业的国家战略意识，需要有导向、有激励，还要有约束。

全球化与跨国公司密不可分，当今世界的跨国公司主要集中在西方发达资本主义国家。跨国公司影响巨大，一个国家如果没有一批具有全球竞争力的跨国公司，就谈不上国际地位高低。正是通过跨国公司，美国成为全球研发中心、设计中心、品牌中心和管理中心，在全球产业分工中处于价值链高端，在价值分配中处于有利地位。不少大型跨国银行、权威评估咨询机构，拥有核心技术的武器供应商，提供权威信息产品、高端核心材料、现代装备制造，在冷静的市场行为中传递国家意志，在看似平常的商业活动中执行国家战略。这些大企业通过自身技术、管理、资本和人才优势，借助有利的政策安排，得以操纵全球价值链分工，重新分配全球财富，从而增加母国财富和实力，进而影响其在全球政治经济治理中的话语权和地位。限制对华光刻机出口就是一个典型的案例。光刻机是集成电路制造过程中最核心的设备，芯片厂商必须依靠光刻机提升工艺制程，中国半导体工艺水平无法提升，光刻机被禁售是主要因素。目前，荷兰阿斯麦公司（ASML）占据光刻机领域高达80%的市场份额，垄断了高端光刻机市场（最先进的EUV光刻机售价高达1亿美元一台，且全球仅仅ASML能够生产）。实际上，全球主要芯片厂家光刻机都来自ASML，但是设备的工艺水平上存在明显的代际差。例如，Intel、三星、台积电2015年能买到ASML 10纳米的光刻机，而大陆的中芯国际2015年只能买到ASML 2010年生产的32纳米的光刻机，5年时间对半导体行业来说已足够让市场更新换代 3 次。如果中国大陆能像中国台湾地区和韩国一样购买最先进的半导体制造设备，快速拉近跟中国台湾地区、韩国的半导体制造水平是有可能的。考虑到中国进口芯片市场的庞大规模，考虑到 Intel、台积电、三星是阿斯麦公司的股东，我们就不难理解为什么这样的设备不能卖给中国，而且在卖给中国的时候，还附加保留条款，禁止用 ASML 出售给国内的光刻机给国内自主 CPU 做代工（换句话说，中芯国际、华力微等中资晶圆厂采购的 ASML 只能为外国芯片做代工，但却不可能给龙芯、申威等自主 CPU 做代工和商业量产）。归根结底，对华技术封锁的核心意图是限制中国半导体产业自主技术进步、限制中国信息技术自主发展，以便其长期依赖技术优势实现超额垄断利润。

当然，美国政府也在国际政治和经济外交中维护大公司的利益，推动其全球扩张和发展。由于美国政府对于全球发展趋势的把控更具战略性，大公司以及大型金融机构在其国家战略下制定公司战略，也就更具全球视野，更有益于本公司长远发展。掌握着经济主导权的发达国家政府，通过对外援助、扶植盟友政府等外交手段，以及国际组织、国际公约等制度安排，为发达国家的跨国公司向发展中国家的扩张创造便利条件。

美国政府主要通过鼓励并购的方式支持其企业做强、做大、做优。2016 年 10 月 27 日，福布斯公布《财富》世界 500 强排名，按照营业收入美国沃尔玛公司以 4821.3 亿美元排名第一。美国上榜企业 134 家，营业收入合计 84670.53 亿美元，利润合计 6816.38 亿美元。从沃尔玛的发展历程看，是一路通过并购成长起来的。此外，在全球财富 500 强的美国企业中，美国在线收购时代华纳、埃克森与美孚石油、辉瑞制药与沃纳—兰伯特购并艾尔健、美国国民银行与美洲银行、葛兰素与史克必成医药、花旗银行与旅行者等都是通过并购发展壮大的。

美国对大企业出现洗钱、操纵市场、逃税等违规行为毫不留情，坚决打击，使其不敢、不愿、不想违规。例如，美国政府指控巴克莱银行、花旗银行、摩根大通、苏格兰皇家银行、瑞士银行和美国银行等六家银行合谋操纵美元兑欧元汇率，罚款58亿美元。又如，美国政府指控德国大众公司使用"作弊"软件应对美国汽车尾气排放检测，对其罚款180亿美元。此外，波音、辉瑞、微软、丰田等大企业都被美国政府重罚过。

正是因为如此，美国大企业对美国政府的战略目标经常能够积极地予以配合。例如，特朗普批评F35成本失控，扬言上任后要削减费用，洛克希德·马丁公司立即表示F35的价格会在原先估计的基础上下降六成；又如，特朗普在竞选时批评福特公司在墨西哥的投资计划，很快福特汽车就宣布取消在墨西哥16亿美元的建厂计划，改为在密歇根州投资7亿美元，将带来700个新的工作岗位。

金融危机之后，大银行、大企业的战略地位在我国经济转型升级与国际竞争活动中受到空前的重视。从我国实践看，多数大企业都能够主动服从国家战略，并做出积极贡献，但也有少数大企业缺乏自觉的国家战略意识，没有将自身经营战略与国家战略紧密结合起来，没有将推进国家战略变为自觉行动。

与美、日、欧跨国公司比较而言，中国大企业的国家战略意识还有待培养。诚然，近年来活跃在国际市场上的中资大企业，不仅提升了中国的国际地位，也在一定程度上帮助国家实现既定战略，功不可没。"一带一路"倡议推出五年来，我国已经和沿线30多个国家签订了共建合作协议，与20多个国家开展了国际产能合作，一批有影响力的标志性项目逐步落地。但同时也应该看到，少数中资大企业缺乏自觉的国家战略意识，有的充当国际竞争对手的帮手，有的做一些没有战略意义的国际大型并购，有的在国际市场上和本国企业恶性竞争。例如，商务部发言人指出，在非洲、拉美、东南亚基础设施领域的电站、大坝、公路、铁路项目上经常出现几家中国企业同时竞标，有的企业为了拿到订单，采取低价策略，不断降价，造成恶性竞争，使中国企业蒙受重大损失。

我们认为，大企业不仅要自觉推进国家战略，更要基于国家战略来考虑企业的战略规划。大企业的国家战略意识不仅仅是服从、支持国家的战略安排，更重要的是深入骨髓的国家战略意识。国家已经提出的战略，必须支持、服从；国家没有明确提出的，大企业也要主动考虑，前瞻性安排，积极谏言，至少要避免损害国家长远利益。更重要的是，大企业要基于国家战略来思考自身战略安排，在规划企业自身产品研发、技术创新和市场建设策略时，在设计出口什么、进口什么、怎样定价、如何掌控（市场）策略时都要下意识地从国家战略的角度出发。培育大企业的国家战略意识既要有引导，又要有激励，还要有约束，可以考虑做好以下几方面工作：

一是要加强国家战略的方向性引导，形成良好的示范效应。目前我国正进入经济升级新阶段，需要从经济升级的角度赋予"充分利用两个市场、两种资源"新的战略内涵，尤其要针对我们在资源、品牌、技术、渠道等方面的短板在全球范围做好整合，除了海外油气田、金属矿开发保障国家资源能源安全外，一些有竞争实力的制造业也在积极拓展海外市场、培育自主品牌、获取先进技术和管理经验方面做了很好示范，值得推广倡导。

要注意发挥央企的导向作用。在中央层面实施更加清晰的人事激励与战略指引，培养央企的国家战略意识。当前，央企在承担重大基础性、战略性研究方面尤其需要扮演重要角色、发挥主导作用。中国最近几年在一些核心技术领域突破很快，未来相关企业高新技术产品出口时也要有国家战略意识，卖不卖、卖给谁、卖给谁什么档次的，不能简单遵从市场或价格选择，而是优先考虑国家战略利益。

二是发挥好专业机构、骨干企业、重点工程的作用，建立推进国家战略的重要支点。一些国家和地区地缘政治风险较为突出，部分企业对海外市场缺乏深入了解，往往导致水土不服。要注意发挥专业机构特长，加强对有关国家政治经济、社会文化的系统研究，并结合其国情特征，为"走出去"企业制定较为系统的投资方案。要发挥大型骨干企业带头作用，通过产业链的构建带动大批零部件企业"抱团出海"。要发挥大型能源开发和基建项目的示范效应，有力彰显中国企业与国际社会共享人类发展成果的积极形象。

三是当国内战略企业面临外资收购威胁、涉及国家利益的重大海外项目遇到困难时，有关部门应采取积极的救助行动以消除大企业推行国家战略意识的后顾之忧。例如，2016 年末，时任美国总统奥巴马签署命令，以可能会对美国的国家安全构成危害的理由，禁止中国福建宏芯基金收购德国爱思强（一家在全球处于领先地位的半导体设备供应商）的美国业务。此类阻止中资企业通过并购进入产业链高端的行为，本质上是国家之间在高科技领域的竞争，这种不合理的禁制令对我国创新发展的国家战略是一种伤害，需要采取适当方式予以干预和救助。

四是对无助于国家核心竞争力提升的非理性投资活动要严格管理。20世纪80年代中后期，日本企业在美国大量投资房地产，一度持有全美近10%的不动产，甚至买下洛克菲勒中心等众多标志性建筑，但最终黯然收场形成巨额损失，并拖累其国内金融机构。近年来，部分中国大型民营企业也开始大量购买海外资产，从房地产、娱乐文化产业到足球俱乐部，一些对外投资项目高度依赖国内融资，并存在真实性和合规性问题，需要及时纠正。

部分国有企业投资管理能力不足，事前决策随意、事中管理薄弱、事后监管缺位，导致海外项目资产状况不佳、盈利能力不强、投资回报率偏低，也需要及时规范。

五是要完善立法，通过国内立法、国际协议为大企业推行国家战略提供较为系统的制度安排。美国有《经济合作法》《对外援助法》《共同安全法》等国内立法用于保护其海外投资利益，还通过双边或多边协议保障本国投资者在海外获得国民待遇。日本、德国等对外投资大国，也建立了较为完备的对外投资相关法律保障体系，这方面值得我们借鉴。当前，不但要考虑加强对外投资立法，维护我国"走出去"企业的海外权益，还要积极参与国际经贸规则制定，努力提升我国在全球经济治理当中的话语权。

此外，还要纠正业界长期以来存在的认识误区：中国企业再大，依然是"幼稚企业"，政府应以保护为主。由于我们本土对企业保护过多，它们"走出去"之后反而很不适应。实际上，大量国际经验表明，严格的国内监管，对于企业国际竞争力的提升从来都是正向的。

二、培养前瞻性的国家战略储备意识

大国的战略储备意识普遍很强,这里我想着重强调大型经济体必须重视稀有金属及高纯金属战略物资储备①。稀有金属是指在自然界中含量较少、分布稀散的金属。因物理和化学性质近似,从原料中提取难度较高,稀有金属具有耐高温、耐腐蚀、抗高温、硬度大、导电导热效果好的特性,常用以制造特种金属材料,如特种钢、合金等,在新能源、材料、航天航空、尖端武器等高新科技领域具有广泛的应用价值,是国民经济发和国防安全建设的重要基础材料。高纯金属是指纯度在99.999%以上的金属、过渡金属和稀散金属产品,主要包括高纯铜、高纯钴、高纯镍等品种。因其纯度高,各项金属特性与普通金属有一定区别,在工业及科技生产中常能作为稀有金属替代品,且因其价格相对较低,在高、精、尖用途方面经济性更好。随着科技进步和各国进入新的竞争阶段,稀有金属与高纯金属已经成为世界各大经济体争夺的重要战略资源。目前西方主要国家已将针对稀有金属资源的竞争上升到国家层面的高度,通过战略储备的模式来储藏和管理稀有金属,并积极在高纯金属方面寻求突破,作为重要替代资源。

①　2016年6月,我前往西部地区专题调研有色金属行业面临的市场困境与改进银行服务问题,与有关专业人士就稀有金属战略储备的内涵和意义、世界主要国家战略物资储备的做法、我国稀有金属战略物资储备现状进行了梳理分析,提出了高纯金属战略物资储备的意见和建议。

战略物资储备概念始见于 20 世纪 30 年代。第二次世界大战爆发前，许多国家尤其是西方国家吸收了第一次世界大战的教训，从扩军备战的需要出发，积极储备或控制铝、铬、石油等重要物资，从而逐步形成了战略物资储备的概念。现代战略储备是指国家为了应付战争和其他意外情况，保障本国的科技和产业发展，满足国民经济正常运行和国防需求，平时有计划地建立起物资、货币、能源等方面的储备。一般来讲，战略物资储备具有以下特点：关系国计民生，对国家的经济、科技、军事具有重大意义；国内资源或产量不能满足或严重依赖进口，在战时也难以保证国外充足供应。

按储备主体，战略储备可分为政府储备和企业储备，其中企业储备又包括法定企业储备和企业商业储备。一般来讲，政府储备需根据相关法规、监管要求进行储备、交易、投放等运作，法定企业储备受到政府一定程度的干预，而企业商业储备则具有较高的自由度，完全由企业根据市场供求和自身实力自主决定储备量和投放时机。从战略储备品种上来看，战略储备物资主要包括粮食、黄金、原油、稀有金属等。目前西方主要国家均已形成了完善的政企多层储备体系，对重要的能源、关键性材料等进行战略物资储备。其中，稀有金属因为其作为"21 世纪的金属"，对国家的高新科技产业具有重要的意义。

美国自 1939 年就开始实行战略物资储备。1946 年通过《战略与关键材料储存法》，首次将稀有金属定为国家储备。1979 年发布《战略与关键矿产储存修正法》，成立美国联邦应急管理局，管理国家战略储备。2008 年发布《21 世纪军用材料管理》和《矿物、危急矿物与美国经济》，列出的 36 种战略关键材料中，其中包括铈、铕、镧、钕等 8 种稀土元素，并指出美国处于最大风险的矿物有铟、锰、铌、铂族金属和稀土元素。2010 年正式宣布，将建立美国稀土供应多元化体系，摆脱对中国的依赖，恢复国内的稀土生产，同时对发展中国家提供资金与技术援助，以获取相应国家的矿产资源。

日本作为全世界稀土应用排名前三的国家之一，由于其本国矿产资源极少但用量巨大，早在 20 世纪 60 年代就制定了相关矿产资源的补助政策。1983 年，日本发布《国家稀有金属储备制度总规划》，建立了国家储备和企业储备的协作制度；2006 年，为应对中国的"稀土新政"，发布《国家能源资源战略新规划》，将稀土纳入了国家战略储备；2009 年发布《日本稀有金属确保供应战略》，制定了一系列政策保证稀土的供应；2010 年发布《稀土综合对策》，正式对稀土进行国家储备。

在执行其稀土储备政策时，日本政府推出了一系列行动来维护本国的稀土资源相关利益。具体包括：提出海洋资源开发战略，抢先开发公海区域的矿藏；大力推动科技进步，研发稀土元素的替代品；向矿产资源丰富的国家提供互惠合作政策等外交手段开展资源外交，通过"日元换稀土"的手段获得海外稀土矿产资源；通过提供经济担保、支援海外基础设施建设等方法为企业提供稳定的稀土资源供给；等等。

日本的稀土战略储备由政府和企业共同储备构成。与美国政企不相互干预的战略储备模式不同的是，日本采用了以政府主导、企业开发的战略储备模式，政府和企业的战略储备占比分别为 70% 和 30%。

除了美国和日本外，欧盟也根据 2008 年的"欧盟稀有原料行动计划"的要求，于 2010 年 6 月发布《对欧盟生死攸关的原料》，并将铟、锗等 12 种稀有金属列为未来欧盟紧缺原料。

在完善相关法规的基础上，欧盟还积极参与稀有金属相关的国际贸易活动，努力争取其国家利益。例如 2014 年，欧盟同美国、日本联合上诉 WTO，指控对中国稀土、钨、钼相关产品出口管理措施违规。

我国传统意义上的战略物资储备主要集中于民生相关产品。21 世纪以来，开始逐步将视野拓展至石油等基础原料储备，但对于稀有金属等战略物资的储备建设则依然起步较晚。2008 年，国家出台《全国矿产资源规划（2008—2015 年）》，对稀有金属等国家规定的矿产资源实行战略储备政策。2009 年，国家出台《稀土工业发展的专项规划（2009—2015 年）》，禁止对新的有色金属及稀土矿进行开采。2010 年 10 月，国家"十二五"规划酝酿对 10 种稀有金属战略收储，包括稀土、钨、锑、钼、锡、铟、锗、镓、钽和锆。2011 年底印发的《有色金属工业"十二五"规划》中对钨、钼、锡、锑、稀土等战略性稀有金属的发展做了专项规划，并提出要建立完整的国家储备体系。2016 年 6 月 16 日，国务院办公厅发布《国务院办公厅关于营造良好市场环境促进有色金属工业调结构促转型增效益的指导意见》，指出适当增加部分有色金属储备。

高纯金属战略储备方面，由于我国半导体、高等机械、新能源等相关产业起步较欧美发达国家晚，处于高纯金属产业链的材料供应商地位，并非最终应用方，因此对其应用价值重视程度较低，很难考虑将其纳入战略储备物资。而且，我国过去经济水平落后，在战略储备选择时往往沿袭战时思维（粮、棉、油、布、糖、药等）

和算社会经济账，很少从战略发展需求的前瞻性角度考虑。所以，我国尚未就高纯金属储备有相关的制度准备和实施方案，与我国准备大力推动产业升级的发展战略不符。

《中国制造 2025》明确指出，国家将大力推动航空航天装备、海洋工程装备及高技术船舶、新能源、电力装备、新材料等重点领域的发展，以真正实现制造强国的战略目标。随着我国经济转型升级，稀有金属需求不断增长，而供给方面又存在很大的不确定性，国际关系紧张时期甚至可能威胁国家安全，加大战略储备更加凸显其重要性。例如，航空航天领域的航空发动机、航天发动机、燃气涡轮机组等需求迫切，将引领镍、钴、铜新材料产业的发展应用新的机遇，镍、钴、铜新材料产业将迈入快速增长期，在相关行业的应用需求呈现快速增长前景。而镍、铜、钴、铂族金属是我国资源稀缺的品种，又是极其重要的战略物资，对发展国民经济和国防工业起到至关重要的作用。

尽管我国稀有金属的资源矿藏相对较丰富，而且可以通过提炼废旧物资获得，但由于全世界的储量有限，在高新科技方面具有关键作用，加之我国缺乏国际市场定价权，导致稀有金属资源或产品以低廉的价格被西方国家收储。而且因为国内相关保护及收储政策成形较晚，大量稀有金属资源被无序开发，稀有金属的储量和产量之间存在严重失衡的情况。因此，加强稀有金属战略储备对我国促进产业升级、提升科技水平、促进经济的可持续发展、应对国内外政治、经济、军事等突发事件具有重要的意义。而高纯金属因为其在集成电路、高等机械、新能源等高新产业中广泛应用，通过战略储备模式保证充足供应，对推动相关产业发展和我国家工业战略转型具有重大意义。

　　稀有金属和高纯金属的物理和化学属性决定了其在促进技术创新、发展高科技产品方面有着不可替代的作用。随着国家产业升级、科技进步的诉求不断加强，强化稀有金属和高纯金属战略储备，可保证我国高新科学技术研究发展所需材料的供给，为新材料、新能源等焦点产业的发展提供重要的物质基础，是促进国家产业升级和提升国家综合实力的重要环节。

　　现代尖端武器装备在关键部位几乎都需要稀有金属，而高纯金属在集成电路和高等机械等方面的应用又是现代国防中必不可少的组成部分。强化稀有金属和高纯金属战略储备，可保证战时国防安全，预防战时紧张的国际关系导致的物资封锁，确保武器装备和军工企业的正常运转。而且，充足的稀有金属和高纯金属储备会形成对储备不足的对手的非对称性战略优势。所以强化稀有金属和高纯金属战略储备，可以为国家研发先进武器装备奠定基础，保证战时国家的国防安全需要。

　　加强对稀有金属和高纯金属的战略收储，可以从宏观上加强国家对重要资源的调控能力，通过"看得见的手"来引导经济发展，避免部分企业"只见树木"式地盲目竞争，对国家整体利益造成损害。国家战略收储时可自主把握收储时机，当国际市场中稀有金属或者高纯金属价格较低时，对稀有金属资源或者高纯金属进行保护性收储，避免资源低价外流；当价格恢复或者处于高位时，凭借储备将适量的稀有金属或者高纯金属投放市场，从国家层面上提高稀有金属和高纯金属贸易的经济效益。

　　我国的物资储备长期集中于民生相关重要物资（如粮食、铜等），且在储备时将相当部分的出发点聚焦于经济层面，较少从科技、工业发展、国家战略升级等角度给予前瞻性重视，导致我国的收储标的长期局限于上述几种。尽管 21 世纪以来，我国政府开始逐步关注能源和稀有金属等具有重要战略意义的工业物资，但因为起步晚，准备不充分，在收储标的选择时也具有明显的"追随"的特征。尤其值得关注的是储备战略落后于现代经济需要，储备体系亟待完善。我国战略储备体系以政府为主，少有企业、外汇储备机构等相关经济主体参与。而现有的主要发达国家在执行战略储备时往往形成政府储备和企业储备（企业储备还包括企业法定储备和企业商业储备）等多层储备体系。将企业储备引入国家战略储备不但能够形成对政府战略储备的良好补充，还能将企业的库存管理、财务管理等专业管理能力引入执行层面，进一步提高储备管理效率。

基于我国现有的战略储备情况和存在的问题，结合我国处于国家产业升级的发展阶段和发展高新技术行业的诉求，借鉴相关国际经验，就我国国家稀有金属战略储备（尤其是将高纯度金属纳入国家战略储备）提出以下建议：

一是建立国储和民储相结合的国家战略物资储备体系。推行国家储备与民间储备相结合的战略储备体系，以国家储备为主，将民间储备作为政府储备的重要补充。国家储备机构应当建立稀有金属战略储备机制，通过收储机制支持稀有金属生产企业形成全球竞争优势。民间储备可以由第三方机构介入，国有控股大型银行提供相应的金融支持，通过金融创新工具辅助国家实现稀有金属战略储备。有关银行正在进行专题研究，初步思路具有较强的可操作性。

二是将外汇储备标的拓展至具有战略价值和高附加值的高纯金

属等工业产成品。建议将高纯铜、高纯镍、高纯钴等高附加值战略物资纳入国家外汇储备组合，并鼓励外汇运营机构委托稀有金属生产企业全球选矿，并购及购买同我国当前国防建设所急需的稀有金属矿藏，加大开采及回流力度，提升我国稀有金属战略物资储备品种的多样性和充足性。

三是全面提升战略物资储备资源专业管理。在扩大收储品种和收储主体的基础上，建立健全国家战略物资储备预警机制，推进持续化、经常性的监测，结合国家安全及资源储备形势，在保证战略物资储备保值增值的基础上，推进动态科学管理，围绕国家宏观经济市场调控需要，对各稀有金属品种收储数量和范围进行合理调节，并就资金来源、存储目标、权限设置、管理机构、会计核算、投放条件、采购流程等相关执行层面进行优化设计，以最低的稀有金属收储成本带动实现国家利益的最大化。

四是不断完善稀有金属战略物资储备相关法律法规。从国家主要的经济体看，美国、日本、德国、法国均有战略物资储备的专门立法。如美国的《能源政策与保护法》、日本的《石油储备法》、德国的《石油及石油制品储备法》等。但从我国的实际情况看，关于稀有金属战略物资储备的立法方面，存在较大的滞后性，稀有金属战略物资储备法律体制建设亟待加强。目前最具有指导意义的是由发改委及财政部颁布的《国家物资储备管理规定》。因此，有关部门应结合重要稀有金属品种、规模及地域分布和高纯金属的生产情况，全面强化战略物资储备的立法工作，以法律规范的完善来带动我国稀有金属和高纯金属战略物资储备的有法可依，规范运行，保证国家安全战略的顺利实施。

投资困惑的思维质变

——破解投资困惑的关键在于提升企业先进技术获得能力

国际金融危机之后，中国经济增长"三驾马车"中投资与出口对经济的贡献度逐年下降，固定资产投资增速持续回落，其中占比较大的民间投资增速已从 2011 年的 34%回落至 2017 年的 6%。消费逐渐成为推动经济增长的最大动力。2017 年，最终消费支出对 GDP 的贡献率达到 58.8%，超出资本形成 26.7 个百分点。但是从 GDP 的构成来看，资本形成总额依旧巨大，而且投资作为经济走势的领先指标，对于未来经济前景具有重大的战略意义。尤其是民间投资占中国投资份额接近六成，其快速下滑，不仅对国内经济增长造成较大拖累，也引发了市场的悲观预期，应该引起高度重视。

一、民间投资持续疲弱的表层原因分析

对于投资增速持续下降尤其是民间投资持续疲弱的原因，市场

上有两种倾向性观点：一种认为是银根收紧所致，另一种则认为是政策环境收紧所致。但深入分析之后不难发现，货币供给与政策环境因素并非是当前投资增速低迷的根本原因。首先，货币供给量并未成为制约投资增长的因素。伴随 2009 年一揽子经济刺激实施，中国货币供给增速和信贷增速一度升至 30% 和 34%，之后虽呈逐级回落态势，但至今仍超出投资增速 2—6 个百分点。其次，宏观政策导向一直是鼓励并促进民间投资。有市场人士认为，政策歧视导致民间投资环境恶化。实际上，政府一直在出台政策来鼓励民间投资。自 2016 年下半年以来，国务院办公厅先后出台《关于进一步激发民间有效投资活力促进经济持续健康发展的指导意见》《关于进一步做好民间投资有关工作的通知》《关于进一步激发社会领域投资活力的意见》等一系列文件，旨在改善民营企业的投资环境，带动基础设施、社会领域、高技术产业等行业民间投资增速的提高。

经济学家认为，决定投资增长的根本原因还是市场供求，产能过剩是抑制投资增长的唯一解释。然而从数据上看，市场既有严重过剩问题，也有供不应求问题；市场供给过剩导致投资萎缩，这是正常和必然的，但如果市场需求旺盛而投资仍然没有相应及时跟进，则需要引起政策部门警觉。分析 2012 年以来的经济数据不难发现，中国经济步入结构升级快速变化期，一方面是低端技术产品迅速被市场淘汰，落后产能投资急剧萎缩；而另一方面是高技术产品(包括高品质产品)的市场需求快速增加，甚至呈"井喷式"增长。

进一步观察民间投资情况，多年来民间投资的热点行业主要集中在传统制造业、房地产业、农林牧渔业、采矿业、建筑业等，以上行业中民间投资的比重可以达到 60%—90%，而在高技术制造业、高端装备制造业和绝大部分第三产业（如教育、卫生、金融、电信广播等）民间投资占比都极低。2016 年以来民间投资明显"失速"，主要原因是民间投资的重点领域如制造业、房地产业出现了明显降温，以钢铁、煤炭、水泥、有色金属等为代表的传统工业行业受到了市场去产能大环境的影响，盈利能力降低，自下而上传导从而抑制了民间投资的意愿。虽然在传统行业投资阵线收缩，但是民间投资并没有马上将"阵地"转向高新产业。目前民间投资规模在万亿元以上的门类有 5 个，分别是制造业，房地产业，批发和零售业，水利、环境和公共设施管理业以及农林牧渔业。投资增速领先的高新技术产业民间投资都不活跃。

二、经济升级必然引发投资技术门槛提升，而民营企业普遍准备不足

我们注意到，经济升级必然引发投资结构变化，整体投资的技术门槛提升成为必然。由于大部分民营企业在高新技术领域的核心技术准备不足，技术壁垒成为投资增长的主要约束。在理论上，破除投资技术壁垒的能力与研发投入成正比。观察经济史可以发现，研发投入与人均 GDP 有着密切的关系，全球主要发达经济体的研发投资占 GDP 比重均在 2%以上，部分国家可以达到 4%以上。以成功追赶的经济体韩国为例，1983—1993 年期间，韩国的人均 GDP 由 2000 美元上升到 8700 美元，与此同时，韩国研发投入占 GDP 的比重也从 0.68%上升至 2.12%。2003 年我国人均 GDP

突破 1000 美元，研发投入占比也突破了 1%；随着人均 GDP 逐步进入中高等收入国家行列，2017 年我国的研发投入占 GDP 的比重已经达到 2.12%，接近发达国家水平。但是从结构上来看，我国对重点研发领域的投入以国有企业为主，大部分民营企业（BATJ 等少数科技公司除外）对研发的投入不仅很少，而且不重视。面对经济结构的迅速变化，以及投资技术门槛的逐步升高，国有企业应对相对从容，民营企业则显得力不从心。譬如，工业增加值增速领先的高技术制造业和装备制造业，基本上都是国有企业技术准备比较充分的行业。2017 年，高技术制造业和装备制造业增加值分别比上年增长 13.4% 和 11.3%，高技术产业投资比上年增长 15.9%，工业技术改造投资增长 16.3%，增速分别比固定资产投资（不含农户）快 8.7 个和 9.1 个百分点，贡献的主体基本上都是国有经济。比较而言，民间投资过去十几年主要集中在一些低技术门槛的行业或项目，如房地产、采掘、低端制造等。这些行业技术壁垒不高，技术路线相对清晰，企业进入的挑战主要是政策、资金、土地和市场，只要有足够投资，就能有大规模的产出和效益，但也很容易形成严重产能过剩。在全球化背景下，中低端产业在全球转移的速度不断加快，不少企业因此陷入困境。中低端产业严重产能过剩，而高端产品大量依赖进口，对此企业家不是没有看见，不是不想调整投资方向，问题的核心是没有相应的技术储备。

三、提升企业技术获取能力，宏观政策设计应有新思维

当前解决投资下滑的出路不能回到透过政策措施降低投资技术

门槛的老路上去，应当通过优化投资环境，提升企业技术获取能力等方式来促进投资升级。迅速提升企业技术获取能力，是帮助企业破解投资瓶颈的关键，政府需要创造多方面政策环境。

一是加大高端人才引进力度，推动技术创新。要适当放开海外人才的长期签证和创业管制政策，到 2015 年底，全国享受绿卡待遇的外国人为 6000 余人，而美国一年就能签发 100 多万张绿卡。要努力创造一个多元包容性文化，吸引多样化的人才来华发展，让中国变成全世界人才的聚集地，因为人才创造力与多样性密切有关，硅谷创新能力强，与来自印度、中国、俄罗斯等各地人才的贡献是分不开的。要建立技术人才和企业的对接机制，放宽体制内技术人员到企业兼职的限制，使技术真正全面融入企业发展。

二是加强知识产权保护力度，激发创新活力。在企业的价值链中，研发设计所占的比重越来越大，而加工制造环节附加值逐渐降低，只有建立良好的知识产权保护体系才能吸引更多的企业投入更多资源进行研发。要加强公民的知识产权保护意识，引导企业创造和运用知识产权，拓宽知识产权价值实现渠道，加大知识产权保护执法力度，形成维权必究、惩罚必严的执法氛围。让知识产权发挥价值还要提高产权信息获取效率和产权交易方便程度。

三是加快国家实验室建设步伐，发展公共研究。这方面，可以参考美国国家制造业创新网络（NNMI）的一些做法。2012 年美国政府启动了国家制造业创新网络（NNMI），核心是建立 45 家制造业创新中心，目前已建立了 7 家，分别是美国制造、数字化制造与设计创新中心、未来轻量制造、美国合成光电制造、美国柔性混合电子制造中心、电力美国和先进复合材料制造创新中心。创新中心重点是承担技术"孵化器"的角色，打通技术从基础研究到应用研究、再到产业化的创新链条，为美国制造企业提供经过验证的先进制造技术和应用示范，加速技术成果的转化和产业渗透。创新中心初期由联邦政府和会员按 1：1 比例共同出资筹建，之后要按市场化方式实现自主运营，专注于从技术甄别到产品开发的全过程，起点是对当前业界首要关注的领域中所有潜在技术进行甄别，终点是该技术可规模化生产的产品，并为新技术的大规模产业化制定各种应用标准、新市场的开发、适用性人才培养等。创新中心有以下特点：(1) 充分发挥中小企业技术创新活力，国家制造业创新网络（NNMI）的领导委员会中要保证一定比例的中小企业席位，各创新中心组建时要有较大数量的中小企业参加，如美国制造的 150 个会员中三分之一是中小企业；(2) 着力于技术成果转化和应用的薄弱环节；(3) 建立知识产权保护和专利使用权分享制度，保证中小企业能以合法方式获得先进技术，实现技术设施共享、共同技能培训、最佳实践分享、内外部信息共享和技术人才培养。

四是建立国家技术收储共享计划。目前很多高校、科研机构的高科技项目往往由于经费的问题被束之高阁，拥有资金的民企又苦于没有技术储备，没有项目投资。建议建立国家出资引导、企业等多主体参与的技术收储基金，通过市场化方式收购高等院校、研究所等机构人员研发出的技术成果，形成国家技术储备库，符合条件的企业可以通过低成本购买，甚至无偿使用储备库中的技术，以解决中小企业技术研发力量不足的问题。

五是继续推进以吸收民营企业更大比例参与为核心的国企混改，发挥互补优势。国有企业尤其是央企在获取国家科技计划项目、土地供给、资金成本等各种要素资源方面占据明显优势，但受保值增值考核、工资总额限制等体制束缚，创新激励不足。民营企业虽然自身机制灵活，但在获取创新资源、市场准入等方面还存在不同程度的限制。要进一步降低民间资本在各个市场领域的准入门槛、优化投资环境。在国企混改中引入民营企业的活力因素，加快技术共享速度。

六是完善市场激励机制，提升企业效率。充分利用市场激励作用，大幅提升高新技术产业的收益率水平，改变其收益率远低于房地产、能源、金融等状况。第二次经济普查显示，房地产、金融业、石油天然气开采业的利润率分别为12.62%、12.56%和41.56%，而高技术产业的同期主营业务利润率只有4.89%，没有得到有效的市场激励。

七是建立科技成果转化机制，提高技术转移转化效率。培养专业化技术转移机构和人才队伍，解决在技术转移转化过程中信息不对称程度高、交易流程复杂、外部性强等问题。目前，在多数地级城市，往往是由科技局牵头建立技术服务平台，旨在推动技术交流和技术转移，但往往效率不高、动力不强，行政色彩较突出。要用市场化的机制来培育一批专注于技术转移的公司，引入创投基金和民营资本，实现市场化的技术转让、项目孵化、投后管理和项目推出。

八是逐渐改变传统的产业政策，培育企业为主的创新主体。在过去追赶型发展进程中，我们与国外差距比较大，技术选择的不确定性较小，政府完全可以通过模仿国外技术发展路线，选定重点支持企业和产品方向，实现产业的快速集聚。但在创新驱动的新环境下，技术路线风险越来越大，政府一定要摒弃过去的想法，让市场发挥产业选择的主导作用，政府重点去解决支持创新的政策环境、填补技术创新短板等问题。

应对极端风险的思维质变

——必须从国家战略层面认识蓄滞洪区湿地化

　　长江经济带是我国的最为重要的经济区域。2016 年长江经济带生产总值达 33.3 万亿元，以占全国 1/5 的土地贡献了全国 2/5 以上的 GDP 总量，是我国经济发展中最为重要的支撑带。然而，每年汛期来临，长江中下游沿线城市都绷紧神经、严防死守，把防洪抢险作为非常重要的工作，不仅干扰了相关区域的正常经济运行，也使得不断增加的防洪成本推高了经济运行成本。沿江中上游水库的建成，虽然降低了常规洪水的威胁，但对于超出库区能力的极端异常洪水，或者异常自然天气叠加国际地缘政治军事"极端化"威胁，洪涝灾害风险将成百上千倍地放大。经济越发达，经济水平越高，越要前瞻性地思考这种"极端的、系统重要性风险"的应对。2016 年以来，我从经济学角度与有关人士探讨了加强蓄滞洪区建设的重要意义以及蓄滞洪区"退田还湖"恢复湿地生态功能的可能性，提出如何减少蓄滞洪区分洪运用与经济发展的矛盾，发挥更大的经济效益和环境效益的若干建议。

一、蓄滞洪区的本源功能正在弱化

水是人类文明的摇篮，尼罗河流域的古埃及、两河流域的古巴比伦、印度河及恒河流域的古印度和长江黄河流域的中国等世界四大古代文明都因水而兴。水是丰饶、创造、不死、再生的生命动力，又是毁灭、破坏、死亡、断绝的反面力量。水可载舟，亦可覆舟，洪水如果发生在人口稠密、经济发达地区，将造成极大的生命、财产损失。中国幅员辽阔，地形复杂，季风气候显著，降雨量在时空分布上极不均匀，是世界上水灾频发且影响范围较广泛的国家之一。从古至今如何应对丰水期间的洪水灾害，是治国者要面对的重大问题。

人类治理洪水主要有两种方式，一是沿河两岸高筑堤岸，迫使洪水顺河道下泻入海。国内外防洪减灾的实践证明，沿河高筑堤岸的办法只适用于小流域和重点区域防洪，就大流域防洪而言，由于受自然规律、经济实力和军事风险等各种条件限制，不可能在上游修建大量水库全部拦蓄洪水，也不可能无限制地加高堤防；二是将洪水有计划地分泄于湖泊、洼地，洪峰过后，积水再缓缓返回原河道，自然下泻入海。早在战国时，管子就有"地有不生草者，必为之囊"等应对水害的论述，囊即为蓄水之地。从历史上看，在行洪能力严重不足的江河两岸低洼地区顺应自然规律开辟蓄滞洪区来调蓄洪水是一项切实可行、经济有效的防洪措施。

蓄滞洪区主要是指河堤外洪水临时贮存的低洼地区及湖泊等，

包括行洪区、分洪区、蓄洪区和滞洪区。其中，行洪区是指天然河道及其两侧或河岸大堤之间，在大洪水时用以宣泄洪水的区域；分洪区是利用平原区湖泊、洼地、淀泊修筑围堤，或利用原有低洼圩垸分泄河段超额洪水的区域；蓄洪区是指用于暂时蓄存河段分泄的超额洪水，待防洪情况许可时，再向区外排泄的区域；滞洪区是具有"上吞下吐"的能力，能对河段分泄的洪水起到削减洪峰，或短期阻滞洪水作用。

中华民族自古代就重视水利工程建设，蓄洪区建设自古有之，依天然水量分布和其他地理条件，在黄河、长江、淮河、海河沿岸曾有蓄洪区安排。中华人民共和国成立后，对蓄洪区的建设更为系统和科学，建设国家级蓄滞洪区共 97 处，1950—2001 年的 51 年中，97 处蓄滞洪区曾运用 445 次，蓄滞洪总量为 1205 亿立方米，其中：长江荆江分洪区 1954 年三次开闸分洪，杜家台分洪区自 1956 年建成以来启用 19 次；黄河东平湖老湖 1982 年分洪一次；淮河 1950 年至今共运用 239 次行蓄洪区，运用最为频繁；海河流域有 25 处蓄滞洪区曾启用过，内有 3 处运用超过 10 次，这些蓄滞洪区为流域防洪减灾做出了巨大贡献。

虽然蓄滞洪区在大江大河防洪历史中曾发挥重要作用，但随着时间推移，蓄滞洪区建设与经济发展脱节，在管理上存在诸多短板，尤其是一些地方忽视蓄滞洪区的本源功能，进行了相当强度的初级工业化建设，形成了较高的人口密度，决策时面临越来越多的难以选择困境。目前，我国国家级蓄滞洪区 3 万多平方公里，但区内居住 1600 多万人口，还有大量工商企业，很难真正用于行洪滞洪，在反复分洪的区域，迁移、重建的经济成本极高。以淮河区域蒙洼蓄洪区为例，蒙洼蓄洪区在建成以来的 63 年里 15 次开闸蓄洪，累计蓄滞洪水 75 亿立方米，因分蓄洪造成的直接经济损失累计约 35 亿元。考虑到分洪的成本和民生影响，决策者越来越难以做出开闸泄洪的决定。如 1998 年长江洪水已经超过必须启动荆江分洪的理论设限，也没有采取分洪措施。

一是圩堤工程隐患多，缺少必要的进退洪工程。目前，中央财政对蓄滞洪区的补偿较少，导致区内圩堤工程隐患较多，大多蓄滞洪区没有修建控制闸门，只能采取临时扒口分洪，往往造成分洪不及时，严重影响分洪效果。根据水利部的调查，总长 2764 公里的蓄滞洪区圩堤，除了长江干堤、洞庭湖和鄱阳湖部分在 1998 年大洪水后进行了加高加固的基本修缮，其余地区都没有进行任何防洪建设。以荆江分洪区为例，2003 年以前，其河堤加固经费全部由地方政府承担；2003—2008 年，国家开始进行每立方米 5 元的培堤土补助，剩余部分由乡镇和村民垫付；2008 年后，中央财政开始全额补助，但补助额非常少，导致区内存在圩堤未达标、断面不足、险工险段多等问题。

二是蓄洪区内人口较多，安全设施严重不足。蓄滞洪区应把人口限制在一个方便大规模转移的范围内，但国内部分蓄滞洪区人口较多，难以进行安全转移，如对荆江分洪区最近的一次摸底调查显示，区内现居住人口 60 多万，比 1998 年增加了近 7 万人；分洪时，除了其中本来就定居在安全区的 20 万人外，剩余 40 万人都得全体转移、临时安置。目前，国家名录中蓄滞洪区的安全设施仅可解决不到三成区内总居住人口的安全问题，区内圩堤未达标、台顶不够高、救生器材不够用。一旦分洪运用，仍需紧急转移大量人员，严重影响人民生命财产安全。此外，传统的避水楼台和大规模人员撤离等避洪方式，已不适应以人为本的经济社会发展的要求。

三是管理薄弱，区内经济无序发展。按照《防洪法》和《防汛条例》的规定，在蓄滞洪区内建设非抗洪所用建筑需要申报并提交洪水影响评价报告，分洪区内也并不适宜发展容易被洪水毁坏的工业，而应该大力发展农业，但实际情况却是，部分蓄滞洪区在人口控制、土地开发利用、产业发展等方面的管理十分薄弱，普遍存在管理机构不健全、职责不清、经费缺乏等问题，导致区内社会经济无序发展。以荆江分洪区为例，其所在地公安县在湖北省 80 个县域经济中排名第 54 位，区内 10%的人口属于贫困人口。面对经济发展的压力，荆江分洪区的工业已占据当地经济的大半，第一、第二、第三产业的比值为 37.4∶60.2∶2.4。

四是功能单一，综合功能尚未发挥。目前，蓄滞洪区绝大多数仅发挥了其单一的防洪功能，而忽视了改善居民生产、生活，以及洪水资源利用和生态保护等方面的功能。

五是不适应形势的变化，部分蓄滞洪区设置需要合理调整。我国现有的蓄滞洪区大多建于 20 世纪 50—60 年代，随着经济社会的发展和江河防洪形势的变化，部分蓄滞洪区运用概率大为降低，一些运用概率则十分频繁，同时一些流域还需新设蓄滞洪区，有必要及时进行调整，统筹水库、湖泊、河道和行蓄洪区在防洪安排中的关系，使蓄滞洪区布局更加科学合理。

既要充分发挥蓄滞洪区的战略功能，又要减少分洪行洪蓄洪损失，同时实现蓄滞洪区由"旧"变"新"、由"穷"变"富"、由"弱"变"强"，由"水害"变"水利"的转型发展，是决策者面临的难题。

二、湿地化可能是充分发挥蓄滞洪区功能的最佳选择

建立蓄滞洪区是一项历史悠久、切实可行、经济有效的防洪措施，但蓄滞洪区作用的发挥是有条件的。欧美发达国家普遍建设了大量蓄滞洪区，并将该区域规划为湿地或自然保护区，利用湿地的自然储水能力，在汛期储蓄过量洪水，起到了良好的防洪蓄洪效果。当前，我国共有 97 处国家级蓄滞洪区，部分蓄滞洪区进行了相当强度的初级工业化建设，形成了较高的人口密度，使得在反复分洪的区域，迁移和重建的经济成本极高。我国蓄滞洪区建设与区域内经济发展面临诸多矛盾，推进蓄滞洪区转型发展刻不容缓。从国际经验来看，把蓄滞洪区建设为湿地有利于改善生态系统，具有可操作性。结合我国国情，推进蓄滞洪区湿地化还可发展区域经济、实现区内居民脱贫，符合国家战略要求。考虑到当前我国蓄滞洪区的运用状况，有必要从制度建设、资金来源与投向等方面分类分层有序科学地推进蓄滞洪区湿地化建设，充分发挥蓄滞洪区应有的功能。

作为国家防洪的需要，美国、日本、德国等发达国家也建设了大量蓄滞洪区。为保障蓄滞洪区的防洪作用，发达国家对蓄滞洪区的土地规划均有明确安排，严格限制在该区域内的建设开发和居民居住，一般只将蓄滞洪区作为公园、湿地或自然保护区等。

美国密西西比河中下游新奥尔良市附近的莫甘扎泄洪道，其将洪水引入阿扎法拉亚盆地，最终流入墨西哥湾。美国政府通过颁布《防洪法》《全美洪泛区管理的统一计划》和《沿岸区域管理法》等

法律条例，不允许蓄滞洪区内有妨碍行洪的建筑物，并对区内土地利用进行投资导向管理，如开辟为公园、湿地或自然保护区等。

日本关东地区的渡良濑蓄水池人工湿地，主要通过湿地对洪水进行储蓄，经过湿地内各种植物的吸附和沉淀作用，去除水中的氮和磷等，以达到对水体进行自然净化的目的。日本政府通过《河川法》等法律，规定蓄滞洪区属于国家专用土地，企业和个人无土地使用权，不能在其上建设住宅等建筑物。除汛期分洪外，蓄滞洪区平时作为水田、公园或自然保护区等。

德国的布罗姆巴赫湖和阿尔特米尔湖构成的蓄滞洪区，在洪水来临时，由多瑙—美因调水工程将洪水调入该区域，对多瑙河水进行储蓄。德国政府规定，莱茵河等河流流域的蓄滞洪区内不允许有居民居住，区域内土地在未行蓄洪水时可作为湿地或自然保护区等。

从我国社会经济发展现实来看，蓄滞洪区湿地化符合国家战略要求，符合我国生态文明建设的发展要求。湿地被誉为"淡水之源"，具有极强的储水功能，充分发挥湿地生态系统的调蓄功能，将大大减少洪涝灾害造成的损失。

蓄滞洪区湿地化符合我国全面建成小康社会的战略目标。当前，我国正处于全面建成小康社会的决胜阶段，《"十三五"脱贫攻坚规划》，要求到 2020 年现行标准下农村贫困人口实现脱贫。全国蓄滞洪区涉及 1600 多万人，社会经济发展缓慢，其中绝大多数是农民，人均纯收入仅为当地其他居民的 50%—60%，当地贫困县比例高达 21%，区内治贫、保护和发展的矛盾越来越突出。

面对我国"十三五"时期脱贫攻坚和对蓄滞洪区整体建设的目

标规划，结合我国当前蓄滞洪区的运用状况，参考国外发达国家对蓄滞洪区的实践，一个可行的解决方案是构建以湿地化为基础的蓄滞洪区转型发展模式，将蓄滞洪区，特别是江河湖泊周围的蓄滞洪区，转型为湿地经济区和生态保护区。湿地化后蓄滞洪区内的农田转变为湿地，农民变成渔民或旅游从业人员。蓄滞洪区湿地化在保证蓄洪能力的前提下，实施分洪后的损失较少，在综合考虑防洪成本后，湿地的社会经济效益将显著高于传统农业。蓄滞洪区湿地化将从根本上消除蓄滞洪区人水争地所产生的矛盾与冲突，是实现流域社会经济和资源环境协调发展的必要举措。

从功能效益看，蓄滞洪区湿地化具有多重价值性。历史上，我国大江河中下游遍布湿地，蓄滞洪区湿地化将大量恢复江河流域的湿地，具有重要的经济、生态和美学价值，它能给人们提供可直接利用的、持续高产的粮食作物和植物，既是陆地上的天然蓄水库，又是众多野生动植物，特别是珍稀水禽的繁殖越冬地。其在蓄洪防旱、净化环境、生物保护和生态旅游等方面都起着重要的作用。以长江中游为例，其价值集中体现以下方面：

一是自然资源功能。各种类型的湿地是长江中游流域重要的自然资源，它可以给人类提供生物资源、水资源、土地资源和旅游资源。洞庭湖、鄱阳湖及洪湖等天然湿地是具有很高生产力的湿地系统，其湿地生物生产力能产生极高的经济价值。长江中游湿地（河流、湖泊、水库等）常作为居民用水、农田用水和工业用水水源。

二是调蓄功能。湿地能存储过量的水分，是一个巨大的自然蓄水库。在多雨季节和河流涨水季节，可以分流过量的水分，调节河水径流量，削减洪峰，从而减轻和控制洪涝灾害。长江中游湖泊湿地对江河的调节作用更大。如江汉湖群在丰水年份，一般可承接 15 亿立方米以上的来水，在历年汛期防洪中，均起到调蓄洪水的重要作用。1998 年长江发生全流域的特大洪水，自 6 月 11 日至 8 月 20 日共 71 天，洞庭湖总来水量 1696.2 亿立方米，而从城陵矶总出湖水量为 1526 亿立方米，洞庭湖的调蓄水量为 170.2 亿立方米。鄱阳湖是长江中游地区最大的洪水调节库，1991 年鄱阳湖为长江分洪滞蓄了 110 亿立方米的洪水。

三是环境净化功能。由于湿地的理化及生物特征，其对污染物具有物理净化和生物净化功能。湿地可以减缓水流，有利于物质沉降；湿地生物群落能对污染物进行吸附、降解，污水处理的生物氧化塘法和土地处理系统就是利用了湿地的这一功能。充分利用湿地资源净化环境，不仅有利于环境质量的提高，而且可以节约大量资金。特别是湖泊、河流湿地系统，这种净化效应更为明显。如洞庭湖水域总体水质良好，基本符合 GB 3838—88 I—II 类水标准，主要得益于洞庭湖湿地的水质净化功能。

四是生物保护功能。湖泊湿地是水禽赖以生存的重要繁殖地、栖息地、越冬地和迁徙途经的"中转站"。《关于特别是作为水禽栖息地的国际重要湿地公约》（即《湿地公约》）中明确指出，水禽是指"在生态学上依赖于湿地的鸟类"。因此保护湿地，不仅是保护湿地的生态环境，也保护了生物多样性，特别是水禽的多样性。洞庭湖区作为长江中下游湖群中的重要湖泊之一，是迁徙水鸟重要的越冬地。根据调查资料，湖区共有鸟类 257 种，分属 16 目 4 科。其中国家一级保护的物种有白鹤、白头鹤、白枕鹤、白鹳、黑鹳、中华秋沙鸭、大鸨等 7 种；国家二级保护鸟类 23 种；国家三级保护鸟类 53 种。

五是旅游经济功能。湿地是一类独特的自然景观，具有较高的旅游观光价值。长江流域的几处重要湿地都是旅游观光胜地，如鄱阳湖、洞庭湖、洪湖等。此外，大城市附近的湿地公园已经成为市民休闲旅游的集散地，显示出强大的社会经济功能。

三、宏观层次上还有一些问题需要进一步研究

实施蓄滞洪区湿地化战略之前，还有一些宏观层次上的取舍问题需要进一步研究。一是立足于使用蓄滞洪区进行防洪还是继续加大沿江（河）各区域防洪投资？二是蓄滞洪区湿地化转型是否有助于原居民摆脱贫困？三是蓄滞洪区湿地化对于全国粮食安全的影响到底有多大？能否承受？四是能否结合蓄滞洪区湿地化建设，同步建立区域性经济中心的防洪受益与既定防洪成本转移补偿机制？

无论是从自然科学的角度还是从经济学的角度观察，沿河高筑堤岸的办法只适用于小流域和重点区域防洪，就大江大河的大流域防洪而言（尤其是中下游已经形成规模很大的经济发展水平很高的"经济带"），高筑堤坝的方式成本太高、安全保障程度很低，正确的选择是顺应自然规律，于湖泊洼地处分洪滞洪，缓解下游重点区域防洪压力。

怎样既要增强蓄滞洪区的防洪功能，又要减少分洪行洪蓄洪损失，甚至还要使蓄滞洪区保持一定经济贡献，一个可行的解决方案，是现有蓄滞洪区退出耕作农业，将蓄洪滞洪区转型为湿地经济区。就目前的经济技术水平而言，蓄滞洪区退出耕作农业之后，对

全国粮食安全基本上不会产生太大影响。实际上，现代生物技术进步引发种植业多次革命，单位耕地的粮食产量成倍增长，尤其是滴灌技术等旱作农业技术进步使得华北、西北干旱农业发展潜力巨大，传统的围湖扩大耕地、开垦湿地的必要性显著降低。这样来看，不仅对现有蓄滞洪区可以遵循湿地改造的策略，对于其他沿江河低洼地区，也可考虑转换成具有蓄洪滞洪功能的蓄洪湿地，降低防洪压力与成本。

通过构建以湿地化为基础的蓄滞洪区转型发展模式，将蓄滞洪区，特别是江河湖泊周围的蓄滞洪区，转型为湿地经济区和生态保护区。湿地化后蓄滞洪区内的农田转变为湿地，农民变成渔民或旅游从业人员。有产业，就有就业，群众生活就有保障。在综合考虑防洪成本后，湿地的社会经济效益将显著高于传统农业。蓄滞洪区湿地化将从根本上消除人水争地所产生的矛盾与冲突，是实现流域社会经济和资源环境协调发展的必要举措。要以全国上下一盘棋的大局观，充分释放蓄滞洪区的功用。不仅要两害相权取其轻，更要化害为利。在蓄滞洪区用不用、发不发展、能不能发展和如何发展的问题上，应该具有蓄滞洪区湿地化战略思维，从制度建设、分类管理和资金保障三个层面推进蓄滞洪区的湿地化战略。

(一) 完善蓄滞洪区湿地化的制度建设

一方面，要深化"河长、湖长制"，把蓄滞洪区湿地化作为优化蓄滞洪区功能，实现流域治理的重要环节。尽快形成全流域整体观，算好总账，最大限度地减少损失。另一方面，鼓励蓄滞洪区设立省级或者国家级湿地保护公园。将蓄滞洪区湿地化项目融合入海绵城市、特色小镇、美丽乡村等既有项目中，通过生态旅游、观光旅游推动蓄滞洪区湿地保护公园的正常运作。

目前，蓄滞洪区建设面临公众参与度低、依法行政依据不明确、湿地管护执法难度大等诸多困难，急需强有力的法律和制度支撑。一是尽快制定蓄滞洪区的相应建设标准，规范蓄滞洪区的规划与设计。建议水利部门制定颁布《蓄滞洪区设计规范》，规范明确各类蓄滞洪区的规划和建设要求。二是尽快制定出台《全国蓄滞洪区建设与管理规划》，加快重点蓄滞洪区项目的规划与设计，并规范蓄滞洪区建设和管理方案。三是要推进法制建设，不断加强蓄滞洪区湿地化建设的执行力和监督力，严厉打击毁湿滥垦等破坏生态的行为，切实提高湿地保护与恢复能力。四是要建立系统完善的生态文明制度体系，实行源头保护制度、损害赔偿制度、责任追究制度、完善环境治理和生态修复制度，切实编好、编严、编密制度的"笼子"，用制度规范生态保护工作，维护生态保护成果。

此外，各级政府部门在项目审批、资金拨付和资金监管和综合协调等方面应各司其职，并结合实际，在湿地总量管控、用途管控和监测评价等方面，建立切实可行的制度，最终形成符合湿地生态保护和治理特点的一整套制度框架。

（二）分类分层有序科学推进蓄滞洪区湿地化建设管理

对处于重要生态区位、大江大河源头、重要的湖泊和沼泽的湿地，在维护区域淡水等方面有重要作用的湿地区域，应加大保护力度，做好湿地的修复和恢复工作，保持湿地生态系统的稳定，提升湿地生态系统的服务功能。

对于蓄滞洪区内已经存在的湿地，但是其面积逐渐萎缩、生态功能退化较为严重，受到污染或者过度放牧和围垦、水资源不合理利用威胁等问题，应采取强有力措施加以制止。集中相应的人力、物力和财力，在关键区域实施抢救性保护和恢复工程，积极开展退耕还湖还湿工作，尽快改变局部生态环境，进一步探索人工性地增强蓄滞洪能力。

对于区域内已有成熟工业和农业经济带的蓄滞洪区，首先需要考虑是否继续作为蓄滞洪区，如果仍需作为蓄滞洪区，则应在严格控制开发和利用的基础上，逐步退出工业和农业生产，积极恢复和修复湿地区域，扩大湿地面积，并引导湿地的可持续利用。此外，还应强化国家层面湿地保护与修复工程的示范带动作用，引导各地同步规划实施蓄滞洪区湿地化建设项目，更好地推动蓄滞洪区湿地化建设的发展。此外，对于有一定粮食生产功能的蓄滞洪区，应逐步弱化其保障粮食安全功能。

（三）确保蓄滞洪区湿地化建设的资金来源

湿地化建设的基础在于如何保证充足合理的资金投入。经粗略计算，每恢复 1 万公顷的退化湿地，资金投入需达到 4 亿元。要想真正实现湿地的利用价值，政府要合理引导，使得受益者和受损者的真正诉求得以满足，市场的公平性得以体现。为此，必须发掘湿地生态效益补偿机制的潜力，积极落实湿地保护资金来源和效益补偿资金支撑问题，形成生态补偿和环境改善的良性互动，使生态受益者和受损者在成本和收益的分享上趋于合理，社会经济发展的公平性得以体现。如何完善资金投资机制，在政府引导的基础上加大社会资金的投入，利用市场力量为湿地恢复与建设提供原动力，是保障蓄滞洪区湿地建设事业持续、稳定、健康发展的关键所在。

投资资金的第一来源是要确保财政投入。政府补偿是我国蓄滞洪区生态补偿最重要的方式，也是相对较为容易启动的方式。继续鼓励将湿地建设所需经费纳入同级财政预算。"十三五"规划指出充分发挥中央财政林业补助政策的引导作用，对列出的 168 个湿地范围所涉及的重要工程项目要通过中央预算、地方投资、社会投资等渠道筹措资金，开展建设。纵向及横向政府财政转移支付、政府专项基金是重要的补偿形式。政府可以根据蓄滞洪总量，设立蓄滞洪专项基金。蓄滞洪专项基金可以与蓄洪证市场挂钩，从而通过市场机制合理分配蓄洪款。同时，财政补偿不能仅限于一次性的资金补偿，可以通过一系列的优惠政策向补偿对象提供除经济支持之外的政策支持，使其能够充分利用资源形成创收的长效机制。再者，要注重智力补偿，以"造血式"的理念向受偿者提供信息、技能等方面的培训，提高其参与市场竞争的能力，改变其过度依赖湿地资源的现状。

政府在确保财政投入的同时要大力引导社会资本参与湿地化建设，鼓励社会资本以共同开发、共同经营的形式参与湿地恢复、设施建设，以基金、PPP、社会组织等多种形式构建投资和利益分配体系。目前已经成功实践的资金筹集途径有向受益人征收补偿费、向资源开发利用者征收资源税、向排污者征收污染费以及湿地之外受益地区的政府横向转移支付、水权交易、排污权交易、碳权交易等多种市场化模式。在引导社会资本进入的同时要注意对于产权的界定问题。建立生产资源产权界定制度、精准计量不同层级的产权价值、形成公平透明的产权交易平台是确保社会资本有序进入的基础。

(四) 优化蓄滞洪区湿地化建设的补偿分配机制

确保足够的资金来源之后，要充分发挥市场的调节作用，引导资金的合理分配。在目前的实践应用中，补偿多以一次性的政府补偿为主，缺少补偿分配的长效机制。为了减少补偿过程中的讨价还价和"搭便车"等低效率行为，补偿资金的分配需要引入市场化的操作。积极探索政府和社会资金的市场化分配模式，建立补偿资金的流通市场，提高补偿的针对性，是提高资金效用、确保补偿收益和贡献均衡匹配的有效途径。通过排污权和水资源交易的相关实践，笔者认为建立蓄洪证初始市场和流通市场是规范分配机制、激发资金使用效率的可行方法之一。政府可通过招投标的形式拍卖不同蓄洪量对应的蓄洪证，每张蓄洪证对应一定的蓄洪基金和必须承担的蓄洪量。中标的村庄或者地区可以利用基金修建蓄洪渠道，预留整理蓄洪洼地。蓄洪基金超过蓄洪损失的部分即为村庄或者地区因为蓄洪而获得的经济补偿。蓄洪证可以在不同的受偿主体之间流通，只要蓄洪证对应的补偿资金超过了受偿主体所付出的蓄洪成本，蓄洪证就有吸引力和流通价值。市场化的补偿措施提高了居民蓄洪的积极性，大城市或者江河沿岸的村庄会主动想方设法降低蓄洪成本，积极参加蓄洪抗洪，从而获得更多的蓄洪收益。同时，政府临时组织蓄洪抗洪的成本也会大幅降低，使得蓄洪区不再形同虚设，真正发挥其应有的作用。再者，蓄洪证的流通使得补偿资金流入蓄洪成本最低的地区和受偿者手中，泄洪蓄洪的目标地区不再是政府临时的行政命令，而是市场选择的结果，具有长期实施的可行性。

（五）合理规划蓄滞洪区湿地化建设的资金投向

除了合理补偿贡献主体之外，还需将筹措到位的资金规划投资到合适的领域，激发蓄洪区的经济活力。资金投向的合理规划是蓄滞洪区湿地化建设的重要环节。建立全流域统筹管理的相关机构、妥善安置和补偿渔民、细化补偿方案、创造新型就业机会、以人工和天然相结合的方式恢复生态系统多样性、建立湿地巡护管理机制、治理水源空气污染等均是投资的重点。同时，湿地经济的可持续发展依托于完善的湿地生态系统服务市场的构建，寻找可持续创收的相关产业是保卫湿地化建设成果的唯一出路。可以从发展湿地动植物产品、现代农业、生态旅游、生态社区建造、污水处理、空气净化等方面着手，寻找最适合当地市场需求和经济发展现状的投资方向，构建合理的投资回报体系，达到经济效益和社会效益的最终统一。

（六）推动可持续化生态转移支付

蓄滞洪区湿地化推进具有显著的跨区域特点，由此派生的生态服务应该由区域内所有受益者共同承担。生态服务的正外部性导致改造后区域的收益与成本不对称问题。以中央财政为主导的纵向转移支付难以体现实际的收益补偿关系，也难以为继。基于我国的基本国情及现实条件，建议从以下方面构建以生态补偿为导向的横向生态转移支付制度，作为纵向转移支付制度的补充。

一是明确转移支付的原则。首先，从享受收益的区域向待补偿的区域转移的原则。一般而言，在蓄泄洪治理中，一般是下游区域向中上游区域转移，经济发达区域向经济待发展区域转移，蓄洪受益区向蓄洪付出区转移。其次，从低效率支付向高效率支付转移的原则。通过市场的基础配置作用，如通过市场拍卖的方式，将蓄洪区的湿地产业通过拍卖向更有效率的管理者和使用者转移，从而提高其经济和社会效益，为补偿机制积累更多的资源。

二是建立突破地方行政辖区限制的转移支付机构。由中央政府相关职能部门牵头或组织，设立负责日常事务的转移支付机构，该机构由国家相关部门的代表及各地方政府派出的代表、相关专业人士组成。政府授权，与该机构形成委托代理关系。由国家相关部门代表负责组织牵头地方政府代表之间的谈判、协商，并对达成生态补偿意向的转移支付资金进行监督，而转移支付资金的归集、请领，则由转移支付机构开展。

三是细化各区域间的补偿评价标准，充分发挥政府补偿的公共属性和市场化属性。关于生态补偿的依据或标准的主要看法有：生态保护成本和发展机会成本、生态破坏的恢复成本、生态受益者的获利和生态系统服务价值等等。其中，生态保护者的直接投入和机会成本是指生态保护者为了保护生态环境，投入的人力、物力和财力，以及牺牲的部分发展权，二者之和应该是生态补偿的最低标准。生态系统服务价值由于计量方面的原因，只能作为参考或最高标准。具体制定时应该综合考虑国家和地区生态保护和经济社会发展的实际情况或阶段性特征，尤其是湿地周边产业结构调整的时间，通过协商和博弈确定，并与时俱进，有适当的动态调整。

甘肃省旱作农业发展情况

旱作农业主要是指在没有灌溉条件的半干旱、半湿润以及半干旱偏旱地区，依靠天然降水进行农作物种植。这种种植业也被称作雨养农业。旱作农业的推广，主要是因为地域分布不均、自然降水量少，导致农作物的生长是属于旱作状态的。甘肃地区的农业发展是以旱作农业为主，但是旱作农业的种植区的基础条件比较薄弱，旱灾是制约农业生产发展的最主要限制因素。

甘肃省的旱作农业主要是分布在西北内陆，该地区的气候属于大陆性温带季风气候，地形分布比较多样，且较复杂，气候的变异性比较大，全省的太阳辐射能十分充足，由于地理位置，该地区的光照也比较充足，气温比较凉爽，热量充足，尤其是旱作种植区处于典型的一季有余、两季不足的热量条件。甘肃全省干旱少雨，自然降雨量少且空间分布不均匀、年际变化大，雨热同季，降雨集中期与主要的农作物需水关键期差位大，而且春夏旱十分严重，因此，经常会导致春播作物无法下种，干旱是限制甘肃省农业生产以及农村经济发展的最重要限制因素。

旱作农业技术在保障粮食安全上发挥了"中流砥柱"作用。由于推广全膜双垄沟播技术，使用地膜，使旱地玉米单产由每亩不足500斤提高到每亩1000斤以上。全膜玉米、马铃薯面积由2006年的12万亩增加到1357万亩，10年累计推广5781万亩，累计增产粮食约680万吨，为甘肃省粮食相继跨上1000万吨、1100万吨两大台阶作出巨大贡献。粮食总产1138.9万吨中，仅旱作农业一项就贡献了797万吨，用1/4的粮播面积生产了70%的粮食。甘肃以人均只有全国平均水平50%的水资源，生产了相当于全国人均水平90%的粮食。通过这项技术的推广应用，旱作区已成为全省粮食生产新的增长点和粮食主产区，为确保全省粮食供需平衡、有效保障甘肃2600万人吃饭问题发挥了重要作用。目前甘肃省旱作区每年地膜覆盖面积达到1800万亩以上，超过农作物播种面积的1/3，已成为甘肃省粮食生产新的增长点。全膜双垄沟播玉米较半膜玉米亩增产30%，马铃薯黑色地膜全膜垄作侧播较露地亩增产30%左右，且提高商品率10%以上。在正常年景下，全膜双垄沟播玉米较半膜玉米一般亩增产150公斤左右，平均增产30%以上，马铃薯平均增产25%以上。

全膜双垄沟播等主推旱作农业技术已在全省50个县区大面积推广，受益农户达到164万户。其中，34个县（区）推广面积超过10万亩，12个县（区）推广面积超过30万亩，8个县（区）推广面积超过50万亩，环县、会宁、通渭、安定、镇原5个县（区）推广面积超过100万亩，这些过去粮食生产长期不能自给的严重干旱区,如今已成为全国粮食生产大县和先进县,旱作农业区已经成为甘肃商品粮基地和粮食主产区。

特别是从 2011 年起,连续 5 年产量稳定在 1000 万吨以上,综合生产能力和安全保障水平都有了较大幅度的提升,实现了全省粮食生产由总量基本平衡到有部分调出的历史性转变。

新疆地区旱作农业发展情况

  我国旱地面积约 10 亿亩,占总耕地面积的一半,干旱缺水是制约农业生产的瓶颈,如在全国范围内普及高效旱作农业技术,预计旱作农田粮食亩均增产 100 公斤,10 亿亩旱作农田可增产粮食 2000 亿斤。新疆旱地主要分布在天山北麓、阿勒泰山南麓、巴里坤盆地、塔城盆地和伊犁盆地,以新疆生产建设兵团农四师(昭苏、霍城垦区)、农六师(奇台、木垒垦区)、农九师(裕民、塔城—额敏垦区)为主,且大部分都在海拔 1100—1800 米的山地或丘陵缓坡上,地势较高且起伏较大,平均坡度 15—25 度,部分地块甚至大于 25 度,引水灌溉有一定难度。年降水量在 2580—450 毫米,且在年间年内降水极不稳定,降水量的年际变化可差 2—3 倍,月相对变化率可达 39%—65%。平均气温 5—8 摄氏度,无霜期 130—190 天,大部分处于山前逆温带,1 月份平均气温 -11 摄氏度左右,6—7 月份平均气温 20 摄氏度左右。主要种植小麦、豌豆、油菜、胡麻、马铃薯等冷凉作物。

"十二五"期间，新疆地区在旱作区试点旱作农业技术，大力推广节水灌溉技术，取得较好成效。共建成高标准农田4164万亩、约占全区耕地面积的一半，建成高效节水灌溉面积1550万亩、约占播种面积的77%。5年来，现代农业示范基地实现程度达到85%，阿拉尔、五家渠两个国家级现代农业示范区和20个兵团级现代农业示范团场接近全面实现农业现代化，兵团农业节水灌溉示范、农业机械化推广和现代农业示范"三大基地"基本建成。2012年，新疆农作物播种总面积5136.74千公顷，其中粮食作物播种面积为2103.2千公顷。生产粮食1273万吨、果品1222万吨（含果用瓜）、各类蔬菜1656万吨。农林牧渔业总产值为1955.39亿元，农业总产值为1675亿元。2015年，新疆农作物播种面积6126.06千公顷，其中粮食作物播种面积为2365.55千公顷，较2012年增长26万公顷。生产粮食1501万吨、各类蔬菜1933万吨。农林牧渔业总产值为2804.44亿元，较2012年增长近850亿元；农业总产值为2055.38亿元，较2012年增长380亿元。

2012—2015年间，因旱作农业技术的逐步推广，新疆粮食作物种植面积增长占全国增长总量的8.8%，增速高于全国10.5个百分点；2015年新疆地区粮食作物单位面积产量达6351.8公斤/公顷，高于全国平均870公斤/公顷。根据2015年全国粮食作物播种面积及产量测算，新疆地区粮食作物播种面积占全国的2.1%，产量占全国的2.45%，表明旱作农业技术的推广极大地缓解了内地耕地压力。

银行经营的思维质变

——能否准确把握经济趋势，考验大型银行"周期经营能力"①

金融危机以来，虽然中国经济走势的不确定因素还有很多，但经济运行步入新通道的趋势是确定的。面对确定性的经济趋势，不同的商业银行可能有不同的认识，不同的认识会导致不同的应对行为，实际结果也完全不同，这就是"中国经济的确定性与银行的不确定性"。业界有这样的共识：小银行是经营客户的，而大银行经营战略的。大银行虽然也面临一定的客户风险，但战略风险则是更致命的：踏对还是踏错（方向判断）、踏准还是踏空（时机判断）、踏对但做错（方法与模式）、踏错但赚钱（侥幸）……作为大型银

---

① 我在 2010 年 5 月期间曾经就商业银行跨周期经营问题进行一些系统思考，并以《商业银行跨周期经营问题的几点思考》为题，刊发于《中国金融电脑》2010 年第 6 期，引起业界的关注。近年来，随着中国经济转型升级不断加快和银行业迅速成长，大银行的战略风险压力越来越大，而且日益成为中国经济风险的系统重要性因素，促使我们进一步深入观察大银行的战略管理能力问题。新华社《金融世界》2016 年第 6 期刊发《复杂环境考验银行经营能力》一文，曾经从大型银行面临的现实挑战与经营策略的角度做过一些相关分析。

行的经济学家，目的是帮助银行家更好地判断经济趋势、提升经营经济周期的战略管理能力。

一、大型银行跨经济周期生存的关键因素是把握经济周期能力

中国大银行的最大优势是紧跟宏观经济周期，主要特点是顺周期经营，即经济好，银行就好，经济不好，银行就困难。过去银行的规模很小，问题不太大，而现在一些大型银行的资产规模接近20万亿元，有的甚至超过20万亿元，再加上表外和其他实际必须承担的风险敞口，规模惊人。顺周期风险是不能承受之重，怎样做好跨周期经营，这是一个很大的挑战。我不认为宏观经济不好，银行就一定倒霉。其实，一家银行在经济周期里的不同表现取决于风险政策、风险偏好和选择能力，而科学的评价方法体系、考核激励机制对银行跨周期经营有很大的影响。

经济趋势波动是市场经济的常态。在这种波动的过程中，有的银行度过经济的萧条期，重新赢得发展的机会，有的银行则折戟沉沙，成为经济周期过程中的牺牲品。从美国过去十年的历史数据来看，美国银行业资产规模增速由危机前（2005—2007年）约9%下降为2009年的 –5.45%，不良贷款率从2007年的1.4%上升到2009年的5%，上升3.6个百分点，经济周期波动对银行经营的影响非常显著。

自1854年以来，美国已经出现33个经济周期，平均大约5年一次。经济周期性波动已经成为经济活动的一个基本事实，跨周期经营也就应当成为银行的主旨，而这种能力的强弱也将直接决定银

行的命运，因而也是银行最基本、最有效和最持久的核心竞争力。原因很简单，通不过经济周期考验的银行就意味着终止和失败。无论曾经如何辉煌和成功，破产意味着一切都归为零。这方面，雷曼兄弟提供了最好的注解。银行只有准确把握经济周期的运行阶段，及时做出合适的战略安排（退出相关市场或提高资本水平等），银行才能将经济周期中的破产风险最小化，实现跨周期的稳健经营。

二、经济环境正在发生质的变化，银行业正面临着前所未有的挑战与机遇，但真正考验银行的是战略管理能力

中国经济呈现出来的新特征既给传统银行带来前所未有的挑战，又为传统银行转型发展带来前所未有的机遇，势必会给银行业带来更为深远的影响。

（一）经济运行新趋势与经济增长动能转换，考验银行经营转型能力

经济较长时期运行在6.5%—7.5%的增长通道，银行不良资产率预计也会在2%—3%区间。如果从广义的银行实际承担风险敞口的角度来观察，预期损失和非预期损失的累积水平都将是前所未有的。同时，考虑到我国经济发展现状，长期市场利率抬升概率较小，息差收窄也是必然趋势，在当前我国银行信贷收入对利润贡献较大的情况下，这必将影响盈利能力。面对国内经济和金融环境的深刻变化，没有了经济上行期"傻子都能赚钱"的经济周期红利，也没有了经济下行期"现金为王、收缩才能过冬"金科玉律，如何适应经济新常态、抓住新机遇、探索新模式、防范金融风险，考验银行的趋势判断能力和经营转型能力。

（二）产业结构调整，考验银行的存量风险处置能力与经营选择能力

2007年以来，国家出台了一系列产业政策，大力推进产业结构优化升级和经济发展方式转变。由于长期以来形成的企业与银行之间深度依赖关系，产业政策的实施必然会对银行业带来深远的影响。一方面，短期内化解产能过剩可能会引起局部不良贷款的上升。低端制造业、落后过剩产能行业多为资金密集型行业，信贷存量巨大，特别是这些行业内的大企业与银行信贷资金相对集中。若信贷退出过于集中、过快，将会使企业陷入资金困境，违约风险上升。同时，房地产和政府类项目等主流投向，也在累积一定风险。另一方面，对于节能环保、新一代信息技术、生物产业、新能源、新能源汽车、高端装备制造和新材料等国家重点支持行业，是银行信贷投放重点，为银行信贷结构调整提供了契机和选择。此外，传统行业面临转型升级，行业间的并购重组将会加快，对并购融资、投资银行服务需求巨大，或将成为银行金融服务发展重点。

值得我们注意的是，处于经济升级环境的银行，将面临前所未有的选择压力，充满机遇与挑战。存量风险：低端制造业、落后过剩产能的信贷存量怎样安全有序退出？增量机遇：高端装备制造业、高科技行业持续快速发展，我们能否把握行业规律与趋势、理解其中的特殊金融需求、是否有能力提供相应的金融服务？

（三）消费升级、消费金融快速发展，考验银行的服务转型能力

2016 年政府工作报告提到"在全国开展消费金融公司试点，鼓励金融机构创新消费信贷产品"以及之后一系列鼓励消费金融政策出台，越来越多的主体开始进入消费金融领域，除银行外，还有互联网公司、小贷公司、消费金融公司、网络电商等，消费金融市场竞争日趋激烈。同时，产品类型多样化，除了传统银行的信用卡及各种线下消费信贷产品外，互联网公司及电商纷纷推出更为便捷的线上消费信用支付产品，如京东白条、天猫分期等，市场竞争进一步加剧。

另一方面，消费金融发展前景广阔，据中国人民银行 2017 年 1 月 20 日发布的《2016 年四季度金融机构贷款投向统计报告》显示，截至 2016 年末，本外币储户消费性贷款余额 25.06 万亿元，同比增长了 32.2%，全年增加 6.1 万亿元，同比多增加 2.51 万亿元。从消费性贷款占比看，目前我国消费性贷款余额占贷款余额总量的比例仅 20% 左右，与欧美发达国家消费性贷款占比 50% 左右有着明显差距，消费信贷发展空间广阔。作为我国金融核心的银行业金融机构，仍有望成为推动消费金融发展的主导力量。

对于银行来讲，消费趋势与服务业发展方向所引发的讨论值得注意。未来消费升级的方向主要应是与人力资本积累相关的消费，我们的银行是否也相应地做好了准备？从发达国家经验来看，政府提出的公共服务需求很大，大部分需要从市场上购买，然后提供出去；而市场化程度越高，企业需要的服务市场就越大，层次也越高

（法律、会计、咨询、征信等）；个人所需要的服务也完全不是家政服务的概念。因此，巨大的非金融服务业对金融需求到底有多大？值得银行高度关注，并应做好现有服务定位。

（四）互联网金融快速崛起，考验银行的创新能力

互联网金融是互联网技术和金融功能的有机结合，是依托大数据和云计算在开放的互联网平台上形成的功能化金融业态及其服务体系。与传统的金融服务相比，互联网金融更加看重客户的需求和体验，消费者能够自主选择金融产品和服务，追求多样化、个性化、差异化的服务要求，和快捷、方便、互动的体验诉求得到满足，这对银行的传统服务模式提出了很大挑战。随着互联网金融的快速发展，金融机构纷纷制定各自的互联网金融发展战略，在从平台、产品、服务、宣传推广等方面推出一系列创新，互联网金融之战越来越激烈。我国大型商业银行具有强大的资信优势，财务系统、风控系统、运营系统、管理系统、监控系统成熟，并且积累了大量个人的各种行为和消费数据，吸储能力强，资金成本非常低，进军互联网金融市场，银行具有巨大优势。

应该说，银行在互联网金融方面有着深刻的教训。互联网金融的实质是什么？既不是简单的线下线上模拟银行业务，也不是简单增加金融供给，而是为了解决现有银行服务缺失问题。它是一种更便捷的金融服务通道，解决的是"随时随地"问题；是用更科学的方法，借助于大数据的行为分析技术，精准识别与精细设计，解决"不可能"的问题。"肥尾市场"很大，传统银行自己不熟悉，不敢做，也不研究。结果让互联网企业发现并迅速拓展，红红火火，最

后开始侵蚀银行传统业务。

那么，中国经济结构调整中形成的巨大市场，又是银行不熟悉，不会做，不敢做的。只要市场在客观上有需求，肯定就会有人去开拓，将来会不会又像互联网金融一样让银行被动呢？当前互联网金融出现的问题，是偏离了互联网金融初衷，不是否定互联网金融的理由。中国经济结构升级中，传统金融也会出现大量"缺失"，金融供给创新是必然的，银行不去服务，非银行的金融服务必然应运而生。当然，创新过程中也会出现偏离"初衷"，这也是不可避免的，关键是金融监管必须及时跟进，不能出现"监管缺失"。

（五）直接融资快速发展，考验银行业务结构转型能力

进入 21 世纪，特别是全球金融危机以来，我国多元化、多层次金融市场建设步伐不断加快，原本依赖银行贷款的企业可以通过在资本市场发行股票、债券或其他金融工具直接募集资金。银行在企业融资渠道的垄断地位被削弱，传统银行的存贷业务受到冲击，息差收入减少，利润水平也随之降低。同时，随着互联网金融的快速发展，支付宝等网络金融理财产品因投资门槛低、收益率高于银行等特点，吸引了大量的银行储户将资金投放于此类产品以期获得高额收益，分流了银行大量的储蓄存款资金，对银行的负债业务产生了巨大的冲击。金融脱媒对银行传统业务的冲击，传统的存贷业务已经难以支撑银行持续发展，在保持利息收入项目稳定的前提下，迫切需要转变业务经营模式。

近年来我国大型商业银行经营策略与经济发展方向背离问题

令人忧虑。一是实体经济贷款"难"与银行信贷营销"难"并存。根源在于金融需求与金融供给错位，类似于我们观看的京剧《三岔口》。金融改革要解决实体经济贷款"难"与银行信贷营销"难"的问题，根本在于银行要深刻理解金融需求，把握经济趋势，根据金融需求创新金融供给，否则这种悖论会始终存在，"三岔口"的局面会一直延续下去，那么一些银行就将会遭到淘汰。正如马云所说的，"如果银行不改变，我们就要改变银行"，这句话不是没有道理的。商业银行需要主动顺应趋势，提供新的金融产品，填补被忽视的空缺，才能获得持久的竞争力。二是缺乏跨周期经营能力。目前存在的问题是，在市场快速变化的形势下，银行的金融服务该增加的没有增加或增加不够，不该增加的却增加很快，缺乏跨周期战略经营能力的现象明显，面对这种金融结构的变化和经济升级，从长期来看，跨周期经营能力的欠缺可能会让我们重蹈互联网金融被动竞争的覆辙，令人担忧。三是"不熟悉就不介入"的经营策略，对新业态存在心理排斥，不加以深入研究，不能作出提前技术准备和产品准备。一个现实的例子就是商业银行在互联网金融方面的教训。互联网金融可谓"肥尾市场"很大，但由于传统商业银行自己不熟悉，不敢做，也不研究，结果让互联网企业发现并迅速拓展，红红火火，最后互联网金融侵蚀了商业银行传统业务。四是大型公司客户转向资本市场，商业银行的公司信贷业务须转向公司金融业务问题。商业银行的市场基础是为中小企业和居民提供金融服务。真正意义的商业银行需要研究真正意义上的中小企业金融服务模式（中国银行业目前是将服务大型企业的模式移植到中小企业金融服务领域）、真正消费金融

（住房按揭贷款以外）技术、开发真正的零售与消费金融产品、做好相关的战略规划、经营管理体制与制度安排。然而，中国银行业与最终消费支出相关的中小企业、小微企业金融服务仍然是有待破解的难题；医疗与养老、休闲与体育、教育与培训等民生领域金融服务需求巨大，但传统银行业的"存、放、汇"业务难以适应，创新与转型事关银行的生存与发展。

三、银行特别是大型银行更要注重提升周期经营能力

当前复杂多变的经济形势下，银行正面临着前所未有的挑战和机遇。大型银行作为国家"金融重器"，在方向判断上踏对还是踏错，在时机判断上踏准还是踏空，不仅事关自身发展，更是事关金融安全和国家安全，因此必须要提升"周期经营能力"。

（一）提升对宏观政策和经济发展形势的研究能力

建立健全专业的研究机构，根据国家政策导向，加强对宏观、行业、市场形势的研究分析，了解区域经济的发展变化；加强对产业结构调整的跟踪分析，准确把握主要信贷市场、行业、客户的发展前景。并在此基础上，研究制订信贷政策，加强信贷总量、结构调控。建立快速应对宏观经济变动的内部机制，避免亲经济周期性对银行信贷的不利影响，从战略高度规划银行发展与转型。

目前，我国的商业银行还普遍缺乏对经济周期的深入研究。因此，商业银行必须加大对经济周期研究的资源投入力度，组建专门的研究团队，加强对经济周期的分析研究，积累周期预测经验，为

准确把握经济周期的运行规律提供条件。

(二) 提升风险偏好的战略引领和传导约束能力

通俗地讲，风险偏好就是银行对"愿意承担多大的风险敞口""希望选择什么样的风险作为经营对象""所期望承担风险种类与分布是什么样的"等基本问题做出回答。缺乏风险偏好或风险偏好模糊、混乱，会造成银行决策层在制定发展战略上的摆动，加大战略风险；会加大管理层进行业务选择、平衡风险与收益的压力；会导致执行层出现理解偏差，其经营行为无法正确体现董事会、股东的意愿，偏离既定的战略方向和发展目标。可以说风险偏好是引导银行发展方向和路径的指南，银行的稳健发展离不开清晰明确的风险偏好的引导。

然而，银行有了风险偏好还不够，最重要的是经营管理过程中风险偏好执行的稳定性和一致性。由次贷危机的教训来看，其中一个重要的原因就是风险偏好的执行出现了偏差。各大国际先进银行并不缺乏明确的风险偏好，但在面对证券化和复杂衍生交易带来的丰厚回报时，执行的力度和标准就发生了变化，所从事的高风险业务已经远远偏离了其风险偏好。这种过度的偏离所引起的就是金融市场的非理性泡沫，最终酿成经济体系的深度衰退。只有强调风险偏好执行的稳定性和一致性，才能避免短期行为透支长期利益而将银行引入破产境地。

(三) 提升管理能力与资产规模的匹配水平

企业的资产规模未必是越大越好，规模越大，对经营能力和风控能力的要求越高。一方面，当规模扩张到一定程度后，由于管理效能减退、协调困难等因素，成本（包括风险成本）增加，收益减少，引发规模不经济；另一方面，管理能力需要跟上业务发展速度，实现技术、管理、资源、规模之间的协调、均衡，否则，风险、亏损会随之而来，甚至面临灾难性后果，管理能力与资产规模的不匹配，往往是企业包括银行在资产规模快速扩张期存在的共性问题。

银行要有能力预判经济发展趋势，在经济波动中，根据自身管理能力，合理确定目标市场和目标客户，有选择地退出或进入一些市场，顺应经济大势调整资产规模，有效平衡风险和收益，实现可持续发展，做到规模经营。例如，2008 年以来，花旗银行通过业务出售、资产剥离、集团拆分、收购、业务结构调整等手段，调整集团资产规模，近十年来实现资产规模始终保持在 1800 亿美元左右，总资产回报率也一直保持增长态势，2015 年达到最大值 0.97%。

（四）提升主动调整结构的组合管理能力

跟随国家重大战略、产业政策，调整信贷投放，合理规划信贷行业、区域及客户结构，如高端装备制造、医药健康、环保、文化消费升级等可作为信贷投放考虑重点，支持居民自住购房需求，而钢贸等产能过剩行业、低端制造业应被列入严控甚至是禁止领域。持续跟踪违约风险较高的区域、行业、产品、客户，及时依据风险提示，采取措施化解风险，消除不良隐患。并且从文化理念、顶层布局、体制机制、管理手段上积极探索，进一步加强信用风险管控。

当前，我国银行业收入来源仍然以利息收入为主，营业收入中利息净收入占比接近70%，手续费及佣金净收入占比20%左右，而后者在国际领先的商业银行大都在50%左右甚至更高。考虑到经济波动会对中间业务收入影响较小，因此在持续巩固传统的信贷业务的同时，应转化业务结构，着力统筹发展投行、证券、保险等业务，加快"去贷款化""去存款化"的金融产品和服务研发和推广，加强与非银行金融机构的合作，实现银行业务综合经营。

（五）提升适应外部环境变化的创新能力

学习借鉴国际先进银行的发展经验，综合考虑国际、国内经济环境以及自身的经营管理，制定适合自身发展的战略规划，明晰战略发展方向，确立发展重点，积极把握当前我国经济发展的有利时机。

大力拓展金融市场、资产管理、养老金融、投资托管、同业业务等新型业务。加快构建新业务创新机制，探索完善新业务经营模式，通过多元化经营管理模式应对经济周期变化和市场竞争变化。

整合同质性较强、组合互补性较强的产品和服务，同时不断筛选、更新和补充新的产品和服务。同时，提升产品服务特色化定制能力，建立根据客户需求开发产品和服务的快速响应机制。一方面，在鉴别、梳理和引导客户个性化需求的基础上，对现有一般性产品及时修改、优化和完善，量身定制特色化产品和服务。另一方面，坚持自主创新，加快从仿制跟随到自主创新、从单一产品创新到复合型系列化创新的提升。

银行应该首先明确自身金融科技的发展战略，理顺管理架构，夯实科技金融发展基础。一方面，充分利用自身的人才与科技实力，成立创新实验室，持续跟踪、掌握金融科技发展前沿，加强重点领域创新研发，结合品牌和基础设施优势增强竞争能力。另一方面，在部分细分业务领域，可以考虑加强与金融科技公司进行相关业务合作，或者收购金融科技公司，研发具有特色、适合互联网应用的金融产品，也可以通过与运营商、电商平台等外部公司合作，泛布局金融场景，快速拓展客户群。

（六）提升风险预判预控能力

前瞻性地预测和展望未来一段时间内经济周期的运行规律，并运用压力测试等工具分析经济周期对各种资产组合的影响，及时制定合理且有针对性的跨周期经营政策，是保证商业银行跨周期经营政策有效实施的关键。根据压力测试结果制定合理的跨周期经营政策，对资产组合的结构进行优化，通过调整亲周期行业的资产比例，降低受经济周期危害的程度。

建立全面的风险监测体系，构建科学有效的风险预警模型，提高风险预警和识别防范水平，将预警能力转化为现实的风险管控能力。积极运用客户风险分类、关键财务指标等监测手段，监测分析客户还款能力变化，及时揭示、妥善化解苗头性风险，对不符合政策导向、没有发展前景的客户要及时退出。同时，充分借鉴国际先进银行的经验，研发应用先进的风险计量，充分考虑经济周期改变的预期影响，降低风险计量的亲周期效应，通过风险成本、资本成本、风险调整资本收益 RAROC 等工具的应用，提升收益风险平衡能力。

（七）提升风险吸收和风险抵补能力

由于银行的负债经营特征，在市场急剧收缩出现巨额损失的情况下，只有资本能够挽救银行。充足的资本水平是银行能够经历经济周期考验的最后保障。2008 年金融危机以后，按照二十国集团（G20）的要求，金融稳定理事会同巴塞尔委员会（BCBS）等国际机构针对"大而不能倒"金融机构的系统性风险问题，研究制定了全球系统重要性金融机构的监管框架。其中重要的监管指标就是针对不同组别设计了五档附加资本要求以及中长期的总损失吸收能力要求。

拨备反映了银行吸收损失的能力，是银行防范风险损失的最后一道屏障。在当前我国宏观经济形势复杂，经营不确定性增长的情况下，充足的风险准备金对提高持续经营能力、应对经济波动尤为重要。2011 年 7 月银监会发布了《商业银行贷款损失准备管理办法》，我国正式开始实施动态拨备制度。虽然实施动态拨备以来，传统拨备制度的顺周期性得到了部分缓解，但仍需借鉴国际成熟的理论与实践经验，不断完善动态拨备制度，以克服当前仍然存在的计提不对称等问题。

（八）提升社会责任担当能力

作为经营货币的特殊企业和金融行业的主要成员，大型银行既是我国经济体系的核心参与者，也是社会体系的重要组成部分，不仅承担对股东、员工的责任，也为社会承担全面的公民企业责任。大型银行不能成为经济波动的助推器，要成为经济金融的稳定器。

2007 年 12 月，中国银监会印发了《关于加强银行业金融机构社会责任的意见》，发出了银行业全面履行社会责任的号召。目前商业道德和社会责任对于提升银行社会形象、构筑品牌和信誉优势都具有重要意义，已成为提升竞争力的重要因素。

我国经济正处于结构调整的关键时期，大型商业银行要切实担当社会责任，积极贯彻落实国家宏观经济政策，服务国家经济建设和发展方式的转变，扩大产品和服务创新；要切实做好风险防范和治理工作，确保合规经营和稳健发展，积极参与并做好市场乱象的治理，严格防控风险，这既是自身健康发展的需要，也是经济发展和社会生活稳定可持续运转的必然要求。

金融市场建设的思维质变

——对衍生品和贵金属市场也应从国家战略角度深刻理解

2008 年金融危机之后，人们对衍生品和贵金属市场的功能和监管进行了大量反思，但各国的行动步伐并不一致，尤其是对于银行介入衍生品和贵金属市场存在较大的认识分歧。这里涉及怎样深刻准确理解衍生品和贵金属市场，以及银行介入衍生品和贵金属市场的正确定位。实际上，经济越发达，衍生品和贵金属市场就越重要；银行越成熟，衍生品和贵金属业务越稳健。中国经济正在转型升级，我们对衍生品和贵金属市场也应从国家战略的角度进行深刻理解。

一、衍生品市场的本质是风险交易市场

衍生品市场是怎样形成的？这个市场的本质特征是什么？尽管许多著作从金融史的角度进行了大量分析论证，但给人的感觉

是史实描述很多，本源挖掘不够。透过衍生品市场形成与发展进程，尤其是解剖历次与衍生品相关的金融危机，我们认为有必要从风险交易角度来理解和梳理衍生品市场，并且要从风险交易角度来做好宏观方面的安排。从微观层面看，对冲风险实际上就是交易风险，通过交易风险达到对冲目的；但从宏观层面看，交易风险的市场组合必须保证不出现系统性风险。反思 2007 年美国次贷危机和 2008 年全球金融危机，大量使用的衍生品既对冲了部分风险，但也存在由于衍生品市场本身在宏观方面的风险没有安排好，导致进一步放大风险。以至后来二十国集团、巴塞尔委员会对于这些方面也提出了相应的监管要求。因此，从风险交易市场这一本质特征出发，有助于加深对衍生品市场运行风险与监管取向的理解。

从历史上看，衍生品最早来源于大宗商品领域。1848 年，为减少粮食价格波动、匹配供需双方需求，美国 82 位农产品贸易商发起组建了芝加哥期货交易所。由于粮食生产具有特定的季节性，往往短期内集中上市，当供给量超出市场需求时，农民就要蒙受损失。另一方面，若有商人对粮食具有长期需求，也将面临很大风险，当供大于求时，价格对其有利；但若供给量不如预期，价格有可能涨得过高。因此，芝加哥交易所首先推出远期合约交易，即根据农民和商人对即将上市的粮食产销量预期达成的一致价格进行交易，以消除双方各自面临的因未来价格不确定而产生的风险。芝加哥期货交易所的成立，标志着真正现代意义上的商品与期货市场（金融衍生品市场）的开端。

从美国衍生品市场发展历程来看，衍生品源于风险交易需求[①]。大宗商品由于应用广泛、风险特征与金融产品类似，往往成为衍生品创新的摇篮。所谓大宗商品，是指同质化、可交易并被广泛用作基础原材料的商品，与一般的商品相比，大宗商品具有 3 个鲜明的特点：

1. 基础性：大宗商品具有实物属性，一般作为生产加工的原材料，随处可见，渗透到实体经济的方方面面。以原油为例，成品油价格调整、航空燃油附加费取消、资源型国家汇率暴跌等经济金融事件，实际上都与原油价格的波动息息相关。

2. 可交易：大宗商品具有明显的金融属性，越来越趋向于市场化定价，与利率、汇率改革趋势相同。以铁矿石为例，新加坡交易所铁矿石期货从 110 美元／吨跌至 55 美元／吨左右，而钢铁企业的钢材价格随行就市定期调整，若原材料及其库存缺乏套期保值，则钢铁企业的盈利就将明显堪忧。

3. 国际化：大宗商品的价格与国际、国内行情息息相关。我国大宗商品对外依存度高，原油和铁矿石进口依存度超过 50%，需要时刻关注全球供给、需求变化和市场价格走势。当前热议的"一带一路"建设，很重要的一个着眼点就是大宗商品的价格、贸易、物流。

再回溯观察，20 世纪 70 年代，随着布雷顿森林体系的崩溃，

---

① 美国衍生品发源于商品衍生品，与现货市场的发展密切相关。比如，在美国以大豆为主的农业十分发达，因此大豆、玉米等农产品具有国际定价权；而英国在大工业时代以铜为主的基础金属需求巨大，因此成为现在国际上铜、铝、镍、锌等基础金属的定价市场。后续，金融市场蓬勃发展，因此金融衍生品的发展更为迅猛。目前，国际交易量最大的前十个场内衍生品都为金融衍生品。

以美元为中心的固定汇率制彻底瓦解，浮动汇率制使得汇率和利率剧烈动荡，金融衍生品与金融衍生品市场蓬勃发展。1972年美国芝加哥交易所率先推出英镑等6种货币的期货合约，1981年出现了货币互换、利率互换，1982年费城股票交易所推出了货币期权交易，此后基于汇率、利率的衍生品相继出现，并被作为避险保值的工具。此后的10年里，金融衍生品市场得到了迅速发展并逐渐成为国际金融市场的重要组成部分。根据国际清算银行2004年统计，国际金融市场上金融衍生品种类已从最初的几种简单形式发展到2万多种，由它们衍变出来的各种复杂的产品组合更是不计其数。从交易量的扩张速度来看，全球部分有组织的金融衍生品交易量平均每年递增40%。除交易所和场外市场所直接进行的衍生品交易外，其他较为特殊的衍生证券常常作为债券和股票发行的一个重要组成部分，并得到广泛使用。

二、市场风险不再只是"狼来了"的传说

在调研中曾有一家纺织化纤行业的大型民营企业负责人反映，日常经营中最棘手的就是石油价格波动带来的风险管理问题。如果油价下跌，拥有的原油库存就会存在跌价损失；如果油价上涨，库存不足又要承受原材料导致的成本上升。石油进口过程中不仅承担价格敞口，还涉及外币结算带来的汇率风险。作为加工企业，非常希望能锁定价格，保证加工利润。客户的这种需求是客观的，而该客户的需求可以通过银行提供的商品衍生业务方案来解决，帮助企业锁定价格、对冲风险。当下客户的金融服务需求不再仅仅是单一

的存款、贷款、清算，还包括风险管理方面的需求，特别是在大宗商品及利率、汇率风险方面，需求非常迫切。客户需求的变化，是银行介入商品与期货市场的内在动因。在新的市场环境下，银行真正需要转型的是研究客户需求、尊重客户需求、满足客户需求的经营理念。实际上，2013 年以来中国逐步加快的利率、汇率市场化改革，催生资产价格风险管理的需求。

（一）利率、汇率、商品价格市场化稳步推进

中国当前正着力提升金融系统的安全性，对内稳步推进利率、汇率的市场化，加快银行业和资本市场的改革，加快上海国际金融中心的建设；对外加大金融体系的开放力度，加快推进人民币国际化，着重提升人民币的国际地位。

2013 年 7 月，金融机构贷款利率管制全面放开，由金融机构根据商业原则自主确定贷款利率水平，贷款利率市场化基本完成。目前，存款利率还没有完成市场化，被称为利率市场化的"最后一公里"。然而，这段路程上的步伐也正在加速。2004 年，央行决定允许存款利率上浮但不能下浮；2012 年 6 月，允许上浮幅度为基准利率的 1.1 倍；2015 年 10 月，央行决定对商业银行与农村合作金融机构等不再设置存款利率浮动上限，标志着利率市场化接近于基本完成。

与此同时，汇率市场也在朝着市场化方向有序迈进。汇率管理的工具主要有日波幅限制和中间价制度。2005 年汇改以来，汇率弹性扩大一方面体现于日波幅限制的不断扩大，从最初日波幅 ±0.3%，2007 年 5 月 18 日扩大至 ±0.5%，2012 年 4 月 16 日扩

大至 ±1％，2014 年 3 月 15 日扩大至 ±2％，已基本满足人民币汇率日内波动需要。另一方面，中间价报价机制也得到了完善，自 2015 年 8 月 11 日起，做市商在每日银行间外汇市场开盘前，参考上日银行间外汇市场收盘汇率，综合考虑外汇供求情况以及国际主要货币汇率变化，向中国外汇交易中心提供中间价报价。这相当于给中间价设置了一个参照系，明确做市商报价来源，把确定中间价的主导权交给市场。由此，人民币汇率朝着市场化迈向了重要一步。

在全球经济贸易大融合的背景下，大宗商品价格形成体现了基本的市场运行供需、产业结构与要素结构的吻合程度及资源利用的充分有效性，其价格机制的形成恰恰是利率汇率市场化的基础。党的十八届三中全会决议中提出要完善主要由市场决定价格的机制，推进水、石油、天然气、电力、交通、电信等领域价格改革，完善农产品价格形成机制，注重发挥市场形成价格作用，放开竞争性环节价格。未来可能企业资产负债表中越来越多的科目，包括采购、销售、存货、应收应付甚至员工工资等都会涉及大宗商品的价格波动。

（二）商品价格波动牵动国计民生甚至国家安全

衍生品市场的本质是风险交易市场，其交易前提是要素价格的市场化决定机制，及在此基础上投资者的不同判断和风险偏好。由于大宗商品交易被市场广泛应用，因而大宗商品也被称为"大众商品"，在市场上兼具商品属性和金融属性，价格波动往往牵动着国计民生。20 世纪 80 年代以来，受中国等新兴经济体需求拉动，大宗商品经历了一轮长达数十年的超级周期，引起了全球金融市场极大关注。2012 年以后，随着新兴经济体经济增速放缓，美元逐渐走强，加上经历多年扩建产能后，大宗商品供过于求，价格持续下行，成为扰动金融市场、引发个别国家经济危机的重要因素。

自 2008 年金融危机以来，以铜、原油为代表的大宗商品市场曾走出持续两年的上涨周期，但在随后三年多里，大宗商品却一路震荡下行。以铜价为例，2011 年初曾一度攀上 10160 美元 / 吨的高位，而后一路下行，至 2015 年 9 月下滑至六年来低位，报 5057 美元 / 吨，比年初下跌了 15%，与 2011 年高位相比更是下跌将近一半。与此相关联，国际大宗商品交易巨头嘉能可也遭遇了濒临破产的惊魂一刻。无论作为商品生产者还是消费者的企业，其盈利情况及行业前景，都将受到极大考验。

深入分析还可以发现，金融危机之后中国国际经济贸易地位迅速提升，导致西方国家针对中国经济竞争的行动和贸易摩擦急剧增加，欧美对石油和其他大宗商品的市场掌控能力进一步增强，对俄罗斯的经济金融制裁由象征意义的"教训一下"逐渐转向实质性的"战略抑制"，因此，商品与期货市场波动既是一种经济现象，也是一种战略信号，参与和利用商品与期货市场也是一把"双刃剑"，合理把握尤为重要。

（三）巨大市场潜力产生风险管理需求

各种数据表明，中国市场在国际大宗商品交易中扮演着越来越重要的角色，中国政策的一举一动、经济数据的公布，都牵动着全球大宗商品市场的神经。根据国际能源署（IEA）发布的《2018

年石油市场报告》，中国国内石油产量可能将以年均50万桶/天的速度递减，进口量持续上升，预计到2023年，中国进口量将达到900万至1000万桶/天，是美国净进口量的两倍。

根据2014年我国主要商品进出口金额数据，我国进口额最大的前十名大宗商品有：原油、铁、大豆、铜、塑料、成品油、钢材、铝、纸浆、橡胶，其合计金额达5237.9亿美元；出口额最大的大宗商品有：纺织制品、农产品、钢材、贵金属或首饰、塑料制品、成品油、铝、焦炭、煤、原油，其合计金额达3819.7亿美元；前十大大宗商品进出口金额占到我国进出口总额的21%。

如此巨大的市场背后，是企业的稳健经营和风险管理需求的与日俱增。不仅是商品直接相关的企业，还包括其下游客户和终端消费者，后者可能承担相应的价格转移风险。根据成熟市场经验，LME（伦敦金属交易所）等国外交易所的期货交易量一般为对应品种产量或贸易量的40倍，参与者众多是交易量活跃的一大原因。此外，客户在开展大宗商品贸易时，除了价格风险，还面临汇率风险。与大宗商品贸易有关的交易、融资、套保、清算等全方位需求，亟须得到满足。

中国政府在推进市场化改革过程中也高度重视培育商品与期货市场，但一直在狐疑之中发展，经验与教训都很多。1997年郑州成立了我国第一个商品交易所，之后的十年间商品期货交易所遍地开花，在2000年前后达到峰值50多家，后因2003年著名的国债期货事件而被整顿保留为3家，分别为郑州商品期货交易所（CZCE），大连商品期货交易（DCE）和上海期货交易所（SHFE）。直到2006年上海成立中国金融期货交易所，但2010年才开始正式交易金融期货。回顾既往，在世纪之交前后市场对赌严重，往往期货交易量几十倍、几百倍地多于现货市场，严重偏离了商品与期货市场的初衷。

金融危机之后，我国相关市场主体和监管当局对商品与期货市场的认识不断深化。最近几年（2012年以后）我国的市场经济发生了一些结构性变化，这样的变化产生了新的市场需求。顺应这种需求趋势，国家出台了相关政策法规，旨在从宏观上把握未来衍生品市场发展的基础。

2014年5月8日，国务院以国发〔2014〕17号印发《国务院关于进一步促进资本市场健康发展的若干意见》，提出以提升产业服务能力和配合资源性产品价格形成机制改革为重点，继续推出大宗资源性产品期货品种，发展商品期权、商品指数、碳排放权等交易工具，充分发挥期货市场价格发现和风险管理功能，增强期货市场服务实体经济的能力。允许符合条件的机构投资者以对冲风险为目的使用期货衍生品工具，清理取消对企业运用风险管理工具的不必要限制。市场化定价机制的改革与大宗商品价格管理成为大势所趋。

2015年3月23日，中共中央国务院下发《关于深化体制机制改革加快实施创新驱动发展战略的若干意见》，明确指出要"形成要素价格倒逼创新机制"。4月份国资委专门下发通知，适应简政放权，放松对国有企业大宗商品套保交易的限制，将原有的"事前审批"调整为"事中监控"和"事后报告"。

此外，财政部会计准则委员会的《商品期货套期业务会计处理暂行规定》也旨在解决企业利用商品期货进行风险管理时的会计处理问题，降低套期会计使用门槛，便于会计结果反映期货损益与现货公允价值变动对冲的效果，减少企业损益波动性。

三、衍生品市场自身的风险管理或已成为重大挑战

衍生品交易在对冲风险的同时也会产生大量的经营风险。由于存在巨大的杠杆效应和高度的相互关联性，风险管理不善，监管空缺或不到位，不仅会导致一家机构突然死亡（巴林银行倒闭就是个例子），还会产生系统性风险，引发金融危机（美国次贷危机凸显监管缺失与乏力）。在激烈竞争的国际金融市场上，如果各国监管机构对衍生品市场监管缺少必要配合，也引发金融危机（美国长期资本管理公司曾是美国最大的对冲基金，却在俄罗斯上演了人类有史以来最大的金融滑铁卢）。

对于金融衍生品风险监管，国际上主要采取了企业自控、行业协会和交易所自律、政府部门监管的三级风险管理模式。就微观金融主体内部自我控制而言，主要做法是：（1）建立风险决策机制和内部监管制度，包括限定交易目的、对象、目标价格、合约类型、持仓数量、止损点位、交易流程以及不同部门的职责分配等。（2）加强内部控制，严格控制交易程序，将操作权、结算权、监督权分开，有严格、层次分明的业务授权，加大对越权交易的处罚力度。（3）设立专门的风险管理部门，通过"风险价值方法"（VAR）和"压力试验法"对交易人员的交易进行记录、确认、市价计值，评价、度量和防范在金融衍生品交易过程中面临的信用风险、市场风险、流动性风险、结算风险、操作风险等。

交易所是衍生品交易组织者和市场管理者，它通过制定场内交

易规则，监督市场的业务操作，保证交易在公开、公正、竞争的条件下进行。第一，创建完备的金融衍生市场制度，包括：严格的市场信息披露制度，增强透明度；大额报告制度；完善的市场准入制度，对衍生市场交易者的市场信用状况进行调查和评估，制定资本充足要求；以及其他场内和场外市场交易规则等。第二，建立衍生市场的担保制度，包括：合理制定并及时调整保证金比例，起到第一道防线的作用；持仓限额制度，发挥第二道防线的作用；日间保证金追加条款；逐日盯市制度或称按市价计值（**Mark to Market**）加强清算、结算和支付系统的管理；价格限额制度等。第三，加强财务监督，根据衍生品的特点，改革传统的会计记账方法和原则，制定统一的信息披露规则和程序，以便管理层和用户可以清晰明了地掌握风险敞口情况。

金融危机之后，衍生品市场监管已经成为各国监管当局防范系统性风险的重中之重。目前，全球衍生产品市场最大的监管改革在于强调中央交易对手①的重要性。以巴塞尔委员会为代表的国际监管机构认为，场外交易场内化是降低衍生产品交易对手信用风险、提供市场流动性的一个重要方法，各国监管机构应该通过资本要求、市场引导等手段逐步使衍生产品在产品设计上去繁存简，尽量标准化至交易所。在交易对手信用风险资本计提上实行显著的差别化，金融机构最低的风险权重是 25%，而中央交易对手仅为 2%。在清算上逐步由场外双边清算转向中央交易对手集中清算。美国沃尔克规则及欧盟金融监管改革法案均已要求利率掉期和信用违约互

---

① 中央交易对手（CCP），即被各国或地区相关机构公布认可的以原始市场参与者的法定对手方身份接入交易结算、并保证交易执行的实体，其核心是合约更替和担保交收。

换（CDS）需进入中央清算所清算。

由于更多的衍生产品集中在 CCP 交易或清算，因此 CCP 是否安全成为十分重要的问题。为避免系统性风险，在 CCP 会员违约、触发 CCP 恢复与处置时，制定了违约瀑布（Default Waterfall）处理流程，即像瀑布一样一层一层向下逐级动用资金，直到弥补损失为止。一是动用违约会员的初始保证金和变动保证金，二是动用违约会员的违约基金，三是动用 CCP 的一级资本，四是动用未违约会员的违约基金，五是向未违约会员征收一定额度的现金，六是动用 CCP 的二级资本。如果违约瀑布的任何一环出现问题，审计介入，并将其他未违约会员的头寸移至其他 CCP。

此外，严格场外交易的保证金规则。如果说 CCP 是对场内交易的监管，那么保证金新规可以视为对场外交易的更加严格的规范。次贷危机反映出对双边交易中押品管理上的巨大漏洞，因此，以巴塞尔委员会为代表的国际监管机构制定了更为严格的押品管理规则。押品应以现金和国债为主，并针对现金押品出台了保证金政策。政策规定了最小转移金额、保证金起征线、每日计量、T+1 日结算等十分具体的细则。由于新规的出现，国际掉期与衍生工具协会（ISDA）出台了 2016 年版信用支持附件（CSA）协议。原 CSA 协议要求每周计算并交换押品，而新的规则要求每日计算并交换押品，且现行框架下利率产品和汇率产品的清算模式会有较大不同，因此押品需分类计算。因此理论上，交易对手需签署新标准下的 CSA 协议。

日本、中国香港、澳大利亚、新加坡等亚洲国家和地区将按照上述规则执行，而美国和欧洲采取了更为严格的标准，保证金不但需每日计量，而且需 T+0 日结算。在日本，2016 年 3 月 31 日出台了最终的保证金规则，并于同年 9 月 1 日生效。初始保证金方面，日本法律采用全额转让方式，而英国和纽约法律下则采用担保物权方式；变动保证金方面，日本和英国法均基于全额转让方式，而纽约法则基于担保物权方式。

由于不同国家存在实际操作上的差异，且不同机构存在衍生产品估值上的异议，业界呼吁国际监管制定统一标准，以便金融机构能够统一计量，在提高成本（新的保证金规则将产生更多的成本和费用）的基础上至少提高自身风险管理水平和控制手段，并能够充分体现下游客户的需求。

四、美国监管取向将改变衍生品市场发展方向

2010 年美国出台了《多德—弗兰克法案》（*Dodd-Frank Wall Street Reform and Consumer Protection Act*），被认为是 20 世纪 30 年代以来美国改革力度最大、影响最深远的金融监管改革。该法案旨在通过改善金融体系问责制和透明度，以促进美国金融稳定、解决"大而不能倒"问题、保护纳税人利益、保护消费者利益，并且管束此前缺乏监管的衍生品市场，鼓励多种监管机构之间的协作。与强化衍生品市场监管相关的主要内容包括：

（一）进行监管机构和监管功能重组，防范系统性风险

新法案扩充和改革了现有的"多重多头"监管体系。首先，在联邦监管机构层面，增设金融稳定监管委员会、消费者金融保护

局、联邦保险办公室等机构来强化联邦层级的监管，一方面提高宏观审慎监管水平，另一方面协调各州监管机构之间的矛盾与冲突，降低金融机构运营成本。其次，除中央银行职能和银行业监管职能外，法案赋予美联储监管大型综合金融保险集团的权力，在分业监管的大背景下作出了混业监管的创新性尝试，使美联储能够对美国国际集团（AIG）、美国运通、摩根士丹利和美林证券等在危机中出现问题的机构实施更为严格的监管要求，破解"大而不能倒"的难题。

（二）引入"沃尔克规则"（Volcker Rule），限制大型金融机构的自营交易业务

其内容包括：限制银行和控股公司从事自营性交易；限制银行拥有或投资私募股权基金和对冲基金，其投资总额不得超过银行一级资本的3%；为了避免利益冲突，禁止银行做空或做多其销售给客户的金融产品；并分拆银行的高风险掉期交易业务。为防止类似雷曼兄弟和AIG的危机重演，该法案授予联邦储蓄保险公司（FDIC）破产清算权限，在超大金融机构经营失败时，对其采取安全有序的破产程序。对金融危机期间美联储实施的所有应急借款计划进行一次性审计。限制美联储的应急借款权，即不允许美联储向私人公司发放紧急贷款，所有贷款计划均需要获得美国财政部长批准方可实施，并禁止破产公司参与紧急贷款计划。通过向大型金融机构征费建立"清算基金"，用于对濒临破产的金融机构的破产清算，确保相关成本由金融业界而不是纳税人承担。

（三）对证券化及场外衍生品金融市场进行规范和约束

原有监管体系对主要通过场外交易的金融衍生品缺乏透明性与信息要求。针对监管的漏洞，该法案加强了对证券化市场（主要是资产支持证券 ABS）、场外交易（OTC）市场以及具有系统重要性的支付、清算和结算体系的全面监管。在证券化方面，要求证券化信贷敞口的信贷风险要与信贷发起人的利益相联系，要提高证券化市场的透明度和标准，加强对信用评级机构的监管，监管部门应减少对信用评级的使用。在场外交易方面，将绝大部分场外金融衍生品交易移到交易所交易，并通过清算中心结算；禁止银行之间或者银行与客户之间进行这种金融衍生品交易；更为重要的是，要求所有具备从美联储贴现窗口获得融资资格的大型商业银行剥离其信用违约掉期（CDS）等高风险衍生品到特定的子公司（银行可保留常规的利率、外汇、大宗商品等衍生品）；对从事衍生品交易的公司实施特别的资本比例、保证金、交易记录和职业操守等监管要求。为防止银行机构通过证券化产品转移风险，要求发行人必须将至少5%的风险资产保留在其资产负债表上。

（四）填补对对冲基金、私募基金、信用评级公司等监管的空白

法案消灭了衍生品、对冲基金、私募股权基金、信用评级机构等领域的监管空白，限制金融机构持有大量脱离实体经济的复杂金融产品，避免风险集中爆发。法案要求大型（资产规模超过1000亿美元）的对冲基金、私募股权基金及其他投资顾问机构，在美国

证券交易委员会（SEC）登记，披露交易信息，并接受定期检查。如果此类机构具有特大规模或特别风险，将同时接受美联储的系统风险监管。另外，法案还要求所有资产管理规模超过一定门槛的对冲基金以及其他私人资产池（包括私募股权基金和风险投资基金）的顾问向证券委员会注册，并接受管理。

《多德—弗兰克法案》将完善信用评级行业、加大对投资者的保护力度作为重要内容。该法案通过制定严格的规定，保证投资顾问、金融经纪人和评级公司的透明度和可靠性，强调华尔街经纪人的受托职责。在新法案中，美国证监会的监管职能得到加强。法案要求对冲基金和私募股权基金以投资顾问名义在证券交易委员会登记注册，并要求其提供交易信息以帮助监管机构管控系统性风险。此外，新法案还允许证券交易委员会要求经纪交易商遵循类似于投资顾问的受托责任标准，但并不强制证券交易委员会必须实施这一要求。

同时，针对银行的某些具体业务进行精细化监管，控制潜在经营风险。对于资产证券化业务，《多德—弗兰克法案》要求对贷款进行打包的银行必须把其中5%的信贷风险保留在自己的资产负债表中。这些监管政策的出台，使国际大型银行的杠杆率将会降低，风险敞口得到抑制。危机之前那种高杠杆、大量投资于缺乏监管的衍生品的时代已成为历史。

五、商业银行介入商品与期货业务将出现战略分化

大宗商品结束了十年的超级周期，伴随着熊市中现货商品盈利

空间的收窄，摩根大通等投行也随之改变其商品业务经营策略方向：剥离或大幅缩减现货业务，侧重衍生交易发展。在国内业界，中国的大型商业银行还没有涉及对大宗商品衍生交易的自营交易业务，有的仅仅是代客交易业务，而且由于客户需求旺盛，且政策积极支持，中资银行纷纷布局大宗商品业务。其中，中国银行最先利用其国际业务优势，通过在自贸区、新加坡和伦敦的大宗商品中心设立或业务渗透，完成全球主要大宗商品交易平台的布局。而工商银行通过对南非标银旗下在商品交易和全球市场解决方案方面有着丰富经验的子公司——标银公众的收购，完成全球化布局。收购完成后，工商银行将获得在全球开展场外衍生品交易的平台和能力。

然而中国大型商业银行的代客衍生品交易业务也只是处于布局和萌芽状态。衍生品交易的品种、报价方式、期限等方面根本满足不了跨国公司的业务发展需求。如，国内某家银行收购国外一家银行的优质信贷资产（公司评级在投资级以上、股票交易所市值100大之内、行业内龙头等），但在拜访这些公司时，这些大型公司的要求不高，"只要你们能提供与国外银行一样的服务，我们就同意把贷款转让给你们"。所谓一样的服务包括全球多币种提款和与贷款关联的同期限的货币掉期；所谓的全球提款也就是在英国伦敦、美国纽约、日本东京和中国香港等地，这些地方中资大行都有分支机构。多币种授信和提款理论上应该很容易，但由于没有实际操作和服务经验，分支机构各行其是，客户提款时，各机构以所谓监管、不了解客户为借口需要主办分行提供担保和资金，并且雁过拔毛，收取利息的10%作为手续费；做货币利率掉期时，总部根本没有交易对手的额度及相关资料，产品结构和报价模式总部根本没有见过，还得分行把产品结构和报价模式逐步分解并将交易对手介绍给总部进行交流。中国大型商业银行此时做此业务应是题中之义。

现代银行服务渗透社会经济的各个方面。银行服务群体的广泛性与大宗商品的基础性不谋而合。大宗商品产业链涉及各个行业，而银行可以同时为这些行业及有相关需求的客户提供服务，整合行业信息，促进有效交易，减少摩擦成本，提高生产效率。

相对于期货公司提供的场内期货方案，银行提供的场外衍生品交易，可为客户量身定制，品种、期限、币种可完全匹配企业的生产经营流程。此外，银行资金相对雄厚、牌照更为齐全、风控能力较强，可提供包括融资、套保、贸易、清算在内的全方位金融服务。

银行开展商品与期货业务是三赢之选：一是有助于企业加强风险管理、持续运营、保障经营成果；二是有助于银行战略转型、拓展业务空间、丰富金融产品、服务实体经济。银行可将自身风险管理的技术推广给广大客户；三是深化银企合作，加强银企互信，在经济下行期间，将大宗商品价格作为抓手，梳理客户需求，细化优化策略，不仅抓住市场机会，同时进一步有效加强风险管理。鉴于此，我国大型商业银行应加大除贵金属以外的大宗商品品种开发。

这里需要特别强调的是，我国大型商业客户从事"商品业务"必须重视实需审核，防止投机交易。2004—2008 年，多家央企陆续爆出境外衍生品投资亏损大案，如中国航油（新加坡）5.5 亿美元巨亏、中信泰富外汇买卖合约巨亏逾 140 亿港元、东方航空和中国国航航油套保损失等。以东方航空为例，其与外资银行签订的期权合约由三方组合期权构成，上方为看涨期权价差交易，下方卖出看跌期权，交易结构复杂，且对应合约数量与企业实需并不相符。交易达成后，原油价格出现大幅波动，导致 2008 年东航股份由于原油期权合约公允价值变动损失 62.56 亿元。

我们在实践中体会到，在套保交易方面大型商业客户应始终坚持推行以下五大原则，规规矩矩做好套期保值的最本质需求：

1. 品种相关：套保品种与现货品种尽量保持一致，若无法达到一致，也要尽可能选取相关品种，避免基差风险。

2. 期限匹配：套保交易应尽量贴合企业采购、加工和销售流程，以生产流程确定衍生交易期限，帮助企业管理跨期经营风险。

3. 规模相当：套保交易的规模取决于企业的策略选择，但总体而言，不应脱离实际现货的生产经营规模过远。如规模过小，则套保效果甚微；如规模过大，甚至大幅超过现货规模，反而放大了企业的经营风险，是对价格的过度投机。

4. 方向相反：只有套保方向与现货方向相反，才能对冲价格波动风险，否则只是对价格的单向投机，会放大风险。

5. 结构简单：将各种基础衍生工具的交易要素进行略微调整，即可组合成不同结构产品。越复杂的产品，在特定情况下获得的收益可能会更大，但同时伴随的可能是更加极端地放大风险分布。结构简单，是在尽可能满足规避风险需求的同时，放弃一些对极端值的追求，目的是更好地保护自己的核心利益。

国外大型银行广泛介入商品与期货市场，均设固定收益、外汇和商品（FICC）部门（属于机构投资者服务板块）。数据显示，在金融危机后 2—3 年，国际大型银行 FICC 部门的收入已全面超过传统的投资银行业务（证券承销、并购咨询等）和股票经纪业务。

譬如，2011—2012 年高盛的 FICC 部门收入占集团收入的 30%，德银占 26% 左右。主要原因是金融危机爆发后，资本市场处于熊市阶段，使得传统的证券承销和股票经纪业绩下滑，而 FICC 部门业绩相对稳定，其中场外商品衍生品交易占 FICC 部门收入的 30%—50%。

然而，收益与风险是硬币的两面，我们不能只看到收益而无视风险。还应该看到，银行介入衍生品市场的风险完全不同于银行其他传统风险形态。对于我国大型商业银行而言，加强基础研究能力建设、强化制度、流程、客户准入、交易对手等风险管控能力和吸引专才、建立价格模型成为能报出价格的做市商，是保障该项业务稳健发展的基础。一是持续提升基础研究能力。大宗商品具有基础性、国际化等特点，影响广泛，价格牵动国计民生，研究价值高；同时兼具实物属性和金融属性，影响因素错综复杂，且不同的商品类别、涉及的相关行业都有其不同特点，因此商品研究专业化要求较高。总体而言，从贵金属到能源、基本金属、农产品，依次受宏观经济的影响越强，基本面影响越弱。要做好商品与期货业务，就必须加强宏观研究，持续跟踪宏观政策和经济、金融相关数据；还必须深入品种研究，累积行业知识，提升服务能力的同时，加强对行业的风险把控[1]。

二是风险管控能力。衍生品由于保证金交易方式，本身即存在

---

① 不同品种的市场广度也直接决定了交易模式。比如，大豆和铜，市场规模大，而且定价中心明确，投机获利完全取决于对市场的判断。而对螺纹钢、棉花等市场规模较小的产品，且国际定价中心不明显，国内的投机机会更多，商业银行也应尽量避免参与对这些品种直接或间接的投机行为。

杠杆效应；如果加上复杂的交易结构，可能某一环节违约，连锁反应而产生大的、难以处理的系统性风险。所以银行必须建立一整套业务操作风险管理流程，将风险控制嵌入业务发展的每一个环节，知道你的客户合规检查、按金比例、止损设置等，金融危机后，巴塞尔委员会对银行发展衍生品做出了相应考虑。目前国内的衍生品参与者以机构投资者为主，资本约束是核心，客户准入方面需要参与者有一定的承受能力。此外，在以代客交易为主的衍生品交易业务中，管理好交易对手风险是防止系统风险的重要环节。

三是成为做市商并探索利润中心模式。衍生品存续期间的风险管控问题有其特殊性。建议借鉴国际先进做法，引进专业性人才，以现代技术方式，建立价格模型，从保证金、资本金、抵押品、风险敞口的计量等难题攻克方面入手，逐步建立更适应交易需求的信用风险管理体系，能够报出风险加权计量后的反映市场供需关系的价格并成为做市商。另外，培养人才，提升激励约束的有效性，也是十分重要的。

目前，大型企业往往通过招标的方式选择合作伙伴，简单的套期保值已很难满足大型企业需求，它们需要的是一系列配合企业经营战略的专业化服务。这类企业在进入期货市场之前，会建立一整套运作体系，不仅会设立期货管理部门，还会制定运作流程、建立风控体系等，这就需要为之服务的金融机构整合资源，前台、中台、后台相互配合，提供有效的系统解决方案。由于衍生品的损益与估值时点及价格有密切关系，建议在提高估值技术、独立性和市场化比较的基础上，积极探索建立以业绩为导向的考核激励和约束制度，借鉴国际通行做法，采取延迟发放等方式，按绩付薪，保持薪酬市场竞争力。

综上所述，商品与期货业务都是国际市场衍生品的创新密集区和前沿领域。伴随着利率、汇率市场化改革和人民币国际化改革的推进，中国的各类市场参与主体对风险管理的需求非常迫切。由于大宗商品交易兼具实物交易属性和金融交易属性，大型银行凭借研究、信息、人才、技术、资本等优势，积极拓展商品业务，提供市场价格波动相关的风险管理服务，这不仅符合中国经济转型、改革和发展方向，也是服务客户需求、实现银行转型的一个落脚点。

六、黄金市场基础变化或许隐含着战略趋势

2008 年金融危机后，世界黄金市场重心正逐步从欧美发达国家，转向以中国、印度、俄罗斯等国家为代表"一带一路"沿线国家。这是一种短期现象还是一种长期趋势？

研究观察发现，"一带一路"沿线国家黄金文化源远流长，这些国家对黄金存在普遍的文化认同和较强的消费偏好。国际金融危机之后西金东移进程加速，"一带一路"沿线国家一跃成为黄金市场的主角，尤其是中国连续 9 年成为全球黄金最大生产国，连续 4 年成为全球黄金最大消费国，现货交易量也稳居世界前列，成为全球黄金市场进一步活跃的发动机。从黄金消费情况看，"一带一路"沿线国家 2016 年黄金消费量超过 2800 吨，占全球总需求的约 70%。其中印度因婚嫁习俗和传统宗教因素，民间黄金消费持续旺盛，多年占据全球较大份额。2013 年后，中国超越印度，成为全球最大的黄金消费国，年均消费量持续稳定在 1000 吨左右。

2016 年前 11 月，中国内地从香港地区进口的黄金净额约 720 吨，较 2008 年增长了近 10 倍。从黄金生产情况看，南非、美国、澳大利亚 2000 年后黄金产量逐年下降，与之形成鲜明对比的是中国、俄罗斯的产量有增无减，占全球比重已达四分之一，中国自 2008 年起稳居最大黄金生产国，年产量已接近 500 吨。从黄金交易情况看，上海黄金交易所 2016 年黄金交易量 4.87 万吨，较 2008 年增长逾 10 倍，已连续十年位居全球第一大现货交易所；上海期货交易所黄金期货成交量 6.95 万吨，与纽约商业交易所（COMEX）黄金期货的比值，从 2008 年不足 7%，上升至近 50%。从黄金储备情况看，2008 年金融危机后"一带一路"沿线国家央行加速增持黄金储备，至 2016 年末新增黄金储备超过 3000 吨，其中中国 1200 吨、俄罗斯 1000 吨、土耳其 330 吨。全球央行增持的储备总量，几乎全部来自"一带一路"国家。

尤其值得关注的是，中国大力发展黄金交易市场，连接全球生产与消费，加强"一带一路"沿线国家互联互通，合力做大市场规模，进一步加快西金东移进程，提升了黄金定价能力，使中国成为全球黄金市场的"第三极"。2010 年，中国人民银行等六部委联合下发《关于促进黄金市场发展的若干意见》，为中国乃至全球的市场发展注入了源源不断的动力。市场参与各方围绕黄金产业发展需求、居民黄金投资消费需求，加大资源投入，加快创新步伐，推动了黄金产业的转型和发展，中国黄金市场，初步形成现货市场、期货市场和商业银行柜台市场共同发展的多层次、多元化体系。在加快国际化进程中，上海黄金交易所通过设立国际板，将境外投资者"请进来"；推出"上海金"基准定价机制并引进国际交易成员，让黄金产品"走出去",进一步打开了中国黄金市场的发展空间,也为"一带一路"沿线国家发展黄金市场,提供了模板和平台,为经济的融合发展提供了动力。未来,"一带一路"沿线国家的融合发展,离不开货币的"互联互通",黄金作为最好的等价交换物,既可以摆脱某些国际货币内在缺陷的束缚,也可以将外部经济变动的影响降到最低。

动态观察,全球黄金市场逐渐活跃始于2008年金融危机,各类市场主体纷纷认识黄金价值所在,以黄金为载体的衍生工具不断丰富,黄金的货币属性正在逐步复苏。近年来,全球政治经济环境发生细微但很重要的变化,影响着黄金市场。政治上,民粹主义抬头,欧盟面临前所未有分裂风险,美国出现反移民、反全球贸易呼声,全球不确定性增加;经济上,美联储加强市场预期管理,美元利率持续走高,非美货币和黄金面临重新定价。具体而言,黄金市场面临着三个变化:

一是黄金和美元关系变化,黄金价值开始受到美元影响。布雷顿森林体系解体后,美元脱钩黄金,黄金的货币属性一度萎靡,但仍是美元价值的保障基础。现在,与之前数十年黄金是美元价值锚的情况不同,美国加强经济预期管理,调控美元指数、控制全球资本流向,在一定意义上主动影响金价的大幅波动。

二是黄金与非美元货币关系变化,黄金逐渐成为非美货币币值稳定器。尤其是金融危机后,全球央行成为黄金净买家,全球增量央行储备几乎全部来自新兴经济体。多国经验表明,外汇、黄金储备水平凸显对本币币值和金融市场稳定的重要性,近年发生本币崩盘和国内恶性通胀的国家,普遍不注重黄金、外汇储备。

三是黄金的消费目的变化，更多为了规避风险。2008年金融危机前的近二十年，珠宝首饰品贡献了全球黄金消费的大部分，占比始终高于70%，中国和印度是其中主力，民俗、婚嫁、馈赠等社会性目的支撑了这块需求持续增加；危机后，珠宝首饰品贡献快速下降至当前的40%左右，与此对应的是，交易型开放式指数基金（ETF）、金条、金币等消费增加很快，其中，来自欧美国家的黄金ETF投资是一大亮点，这与黄金的金融属性复苏有着直接关联，更多是规避不确定性风险的投资行为。2016年前三季度，全球黄金需求共计3329吨，其中，珠宝首饰1431吨，延续下滑趋势，同比下降21%；黄金ETF投资需求扭转连续四年负增长态势，持仓大增725吨，为黄金总需求中唯一增长点，也是危机后最大年度增幅。

黄金市场重心向"一带一路"沿线国家转移，使商业银行面临重要机遇。立足中国、面向世界，融入"一带一路"建设，围绕黄金的生产、消费、交易、投资，提供全方位的优质服务，也是大型商业银行的必然选择。

企业需要介入黄金市场。黄金是零信用风险的国际资产，是抵抗市场风险能力最强的品种之一。企业出于财务管理需要持有黄金，可以增强信用水平；企业资产配置组合中增加黄金比重，可以稳定财务预期；中国企业要"走出去"，持有黄金可对冲汇率波动风险。

商业银行需要参与黄金市场。西金东移的过程，是黄金的金融属性复苏的过程，也是"一带一路"沿线国家逐步提升国际影响力的过程，特别是在人民币国际化的大背景下，更为我国的商业银行加快全球布局、创新跨境服务、打通贸易壁垒、抵御市场风险提供了难得的历史机遇。

基于市场发展阶段和已有的业务经验，大型银行可以从两个维度，为"一带一路"沿线国家提供强有力的综合金融服务。

一是做好融资中介。黄金采选、冶炼行业是典型的资金密集型行业，大型银行除了提供传统信贷服务以外，还可以针对行业特点和发展趋势，提供多样化融资服务。譬如，基本建设和技术改造贷款、债券承销发行、融资租赁等优势产品，可以满足企业因矿山建设、设备采购而产生的长周期资金需求；并购融资类业务，如财务顾问、并购贷款，以及并购融资项下的理财产品等，可帮助企业掌控上游资源，提升市场地位。

针对黄金市场，商业银行可与国内外黄金上下游企业，和从事黄金业务的金融机构，保持密切合作，将资产负债管理理念应用在黄金业务上，通过丰富的金融工具，融通黄金盈余和短缺，提高了黄金市场的资源配置效率；统筹考虑黄金采选、冶炼、加工、批发、零售等不同环节的客户需求，提供供应链金融服务，缩短客户账款收付周期，帮助企业提高经营效益。

二是做好交易中介。针对企业客户的交易及套保需求，大型银行可提供以金交所各项自营和代理等产品为基础，涵盖寄售、账户、实物、租借、积存等各类黄金业务的全套产品；还可以借助拥有较为成熟的黄金租借、远期、掉期和期权等工具，帮助企业规避价格波动风险。

系统性风险的思维质变

——应当重视并有效管理系统性金融风险形成机制中的
  市场驱动因素

近年来，监管部门高度关注系统性金融风险，学术界也从不同角度对系统性金融风险进行了讨论。对于监管部门，国际货币基金组织（IMF）、金融稳定委员会（FSB）和国际清算银行（BIS）都认为系统性风险是指可能导致金融体系部分或全部受到损害进而致使大范围金融服务紊乱并给实体经济造成严重影响的风险，一般可以用金融体系中许多机构同时违约的可能性或系统性重要机构倒闭的概率来衡量（FSB、IMF、BIS，2011）。相对而言，全球金融稳定理事会 (FSB) 等监管机构的定义[①]更清晰，更容易把握。金融风险具有传导性、交叉性和关联性特点，宏观金融风险不再是个体风险的简单相加。金融危机总是表现为金融体系中某些监管薄弱而风

[①]　系统性金融风险是指"因为全部或部分金融体系遭到损害而引起的金融服务崩溃所带来的风险，会对实体经济产生严重的负面影响"。

险敞口又快速扩张的突发风险事件，通过市场体系中内生的交易对手风险、市场流动性风险等杠杆机制逐步放大和强化，逐步失控形成系统性风险。因此，加强对金融体系内机构与市场间关联性和溢出效应的评估，进一步明确监管重心，把目光放在系统性风险形成机制中的市场风险驱动因素上，建立一套预防风险蔓延扩散的隔离带，就显得十分必要。

一、系统性金融风险形成机制中的市场因素

理论分析与实证研究都表明，系统性金融风险总是由单个违约事件"起爆"，经由市场风险机制传导，并在时空上失控。如Kiyotaki 和 Moore（2008）的代际交叠模型表明，资产价格下降会使企业和企业之间、企业和银行之间的违约行为不断增多，银行也由于企业的违约行为遭受损失而收缩信贷，导致资产价格进一步下跌，最终导致资产价格高涨时期产生的泡沫破裂，危机发生。Mistrulli(2011) 的研究已经表明，银行同业拆借市场可能成为银行危机传染发生的根源，银行间市场同业关联组成的银行间市场网络也可能成为风险传染的载体，并可能引发银行间风险传染的连锁效应 (Knock-on Effect)，从而放大风险的破坏程度，导致系统性风险 (Iori et al.，2006)。单点式的信用违约不可避免，我们要避免的是市场连锁反应引发的系统性风险。

（一）市场关联度与系统性金融风险

系统性金融风险是指一个事件在一连串的机构和市场构成的金

融系统中引起一系列连续不可对冲损失的可能性。风险的溢出和传染是系统性金融风险的典型特征。正如发生火灾时可燃物、天气、火源缺一不可，发生系统性金融风险也有前提条件。如果把违约事件（信用风险）视为火源的话，市场风险就是可燃物和风力，提供了"火"变为"火灾"的机制和路径。

理论上，风险传染渠道大体可以分为三个方面，一是通过交易产品。衍生产品交易已经成为风险转移的重要媒介，信用违约互换在不同机构之间建立了风险的连接机制，促进了市场之间以及不同参与者之间广泛的联系，增加了风险传染的可能性；二是通过直接与间接的借贷关系。通过银行间市场借贷或通过共同借款人，银行违约的依赖性日趋增强；三是通过资产价格，例如集中处置资产会压低市场价格，导致不同机构的风险状况同方向变动。2007年美国次贷危机也清晰显示了"信用风险→交易对手风险→市场风险→流动性风险→系统性风险"的风险传染路径。2012年以后，我国金融市场在总量快速扩张的同时，金融复杂性与关联性日益增强，尤其是债券市场逐渐进入违约高峰期。随着债券市场风险、信用风险的交叉传染，以及流动性风险的放大作用，局部的"一对一的违约风险积累"，可能通过交易市场连续冲击金融市场，产生连锁反应，引发系统性风险。

火给人类带来光明和温暖，失去控制的火，就会给人类造成灾难。现代金融，无论直接还是间接融资，单点甚至局部的违约不可避免，防范和化解系统性金融风险的"火灾"，应该把关注点放在市场风险等制度安排和系统性风险的形成机制上。因此，加强对金融体系内机构与市场间关联性和溢出效应的评估，并建立相应的干预和控制体系就显得十分必要。

近年来，金融机构之间的传导性、交叉性、关联性大增，提高了单点风险引发系统性风险的概率。随着金融混业经营深化，银行、信托、证券、基金、保险业务相互交叉；商业银行表外业务、影子银行、互联网金融平台和各类型资产交易平台纷纷涌现；货币市场、信贷市场、债券市场、股票市场之间的风险传递增加；交易主体不断增多，交易链条不断加长，杠杆不断升高，风险之间的交叉性与传染性不断增大；交易行为趋同化特征日趋明显，金融体系顺周期特征不断强化；技术风险和操作风险相互加强，资金流动变得更为频繁，风险传播渠道更为复杂，金融风险跨市场、跨领域、系统性的特点日益突出。一旦个别金融机构出现重大损失，市场将对与该机构有业务关联的一系列机构产生负面预期，导致信用紧缩和市场踩踏。美国次贷危机已经对这一路径和机制做了生动演示。

应该看到，当前我国金融风险形成逻辑已经发生了深刻变化。新形势下防范系统性风险，需要正确判断当前金融风险形势，深入剖析引发宏观风险的微观机理，着力降低金融机构和金融市场风险关联，用市场化手段阻断风险传染路径，避免单点风险向系统性风险转化。

（二）金融创新套利与金融系统性风险

实践观察发现，金融创新和影子银行必然推高了市场各类风险的关联性，但风险关联性是否演变成系统性风险，取决于总量扩张是否得到有效监管。

金融创新在改变全球金融市场与业务模式的同时，也重塑了风险轮廓。而影子银行的高杠杆、不透明、不受监管等特征，助长了金融创新的滥用，并通过连接各市场参与主体，增加了风险交叉传染的可能性。

影子银行和金融创新在次贷危机中扮演着举足轻重的作用。资产证券化无疑是一种作用巨大的金融创新，然而在次贷危机前，为了追求更多的利润，金融机构创新推出名目繁多的次级贷款，并基于次级贷款发行资产证券化产品。而各类影子银行机构对于资产证券化这一金融创新产品的滥用可谓功不可没。影子银行作为商业银行设立的表外实体，为商业银行处理贷款的仓储和证券化，其他影子银行投资这些证券化产品，再以资产证券化为抵押向商业银行融资，在不断拉长风险链条的同时，提高风险识别难度。证券化市场的快速发展进一步推高了房价，形成价格泡沫，而房价泡沫的最终破灭成为灾难的导火索。大量金融机构面临违约、破产，风险通过交易对手信用风险迅速传染，股市剧烈震荡，市场风险持续发酵，全球主要金融市场随之产生流动性危机，继续将市场推向深渊，房价市场下跌最终演变成金融危机。

随着我国金融业务的高速发展和衍生产品的不断创新，金融机构证券投资规模逐年增加，金融机构之间交叉持有的风险敞口不断提高，风险跨机构、跨领域传递的可能性变大，金融市场业务成为风险相互传染、系统性风险不断累积的重要通道。

与西方以资产证券化为核心的业务模式不同，我国以理财产品、信托计划、资管计划为代表的影子银行发展迅猛，这些金融产品对金融机构来说有共通的底层资产，大大增加了金融机构的关联性。2007 年到 2017 年的 10 年间，我国银行业理财业务规模从 0.53

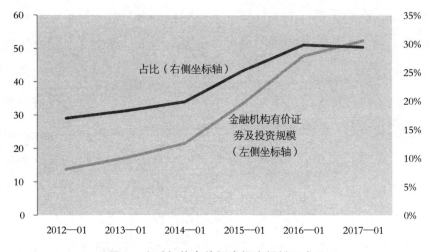

图1 金融机构有价证券投资规模及占比

数据来源：央行统计数据。

万亿增长至29.54万亿，增长了约55倍[1]。2014—2017年，券商资管计划也由7.95万亿元增长至16.88万亿元[2]，涨幅达112%。

受分业监管模式下监管套利的利益驱动，金融业务模式的创新层出不穷，银银、银证、银信、银基、证信、证基及多层嵌套的模式应接不暇，且规模发展迅速、结构日益复杂，交易链条越来越长。由于游离在金融监管体系外，信息披露低，业务情况不透明，近年来我国金融市场产生了金融创新过度脱离实体、监管套利严重、嵌套链条过长、金融杠杆高企等一系列市场乱象，风险隐患丛生。而影子机构间的层层链条，将各类市场参与主体连接在一起的同时，也将各类风险捆绑在一起，若任何一个节点发生风险，都可能诱发风险交叉传染，"一条绳上的蚂蚱"，加剧整个金融体系的不稳定性。

---

[1] 数据来源：Wind、中国理财网《中国银行业理财市场报告（2017年）》。

[2] 数据来源：中国证券投资基金业协会。

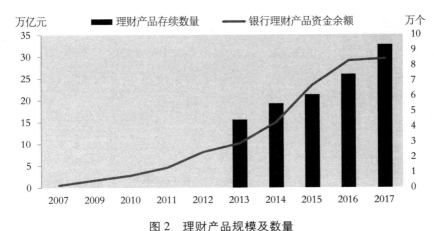

图 2　理财产品规模及数量

数据来源：wind、中国理财网。

（三）交易对手风险与系统性金融风险

考察国际经验，绝对不能忽视交易对手信用风险，交易链条上所有金融机构连带式违约，是单点风险演变为系统性风险的主要原因。

交易对手信用风险是指一笔交易在完成现金流的最后清算前，交易对手发生违约的风险。一方面，交易对手违约或信用评级下调将导致交易产品的现金价值下降；另一方面，资产价格下跌可能导致资产缩水，交易对手可能会因资不抵债而发生信用违约。因此，市场可能会因交易对手违约而触发信用违约的"链式反应"，交易对手信用风险是个体波动性风险向同业传染为系统性风险的重要渠道。

在某种程度上，次贷危机的产生不是因为市场风险出了问题，而主要是交易对手信用风险出了问题，贝尔斯登与雷曼的倒闭成为危机扩散的主要"爆点"，许多金融机构因作为其交易对手而发生巨额损失，甚至破产倒闭。据统计，2007—2010 年，美国倒闭的银行达到了 317 家①。Libor-OIS② 息差大致可以反映交易对手风险和流动性因素对价格的影响，危机爆发后，Libor-OIS 息差大幅走高，市场收益率水平大幅攀升，表明交易对手信用风险显著增大，金融资产价格大幅下跌，市值重估损失大幅增加。

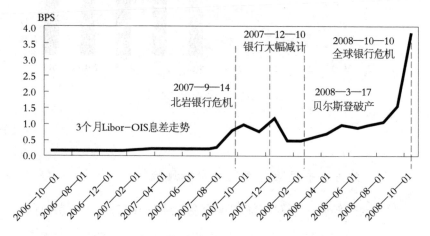

图 3　次贷危机演进与 Libor-OIS 指标变化

数据来源: Federal Reserve System。

2014 年 8 月，国务院办公厅提出十条意见，提出要加快发展中小金融机构。截至 2017 年末，我国中资全国性中小型银行资产规模已达到 106.30 万亿元，并于 2016 年末首次超过中资全国性大型银行③。随着中小金融机构的快速发展，交易对手逐渐由原先的集中于大型商业银行，扩展至中小、民营银行、私募机构，甚至互

①　美国联邦储蓄保险公司（FDIC）统计数字。

②　Libor 为伦敦银行间同业拆借利率，OIS 为银行隔夜借贷利率指数掉期。

③　央行公布数据，其中中资全国性大型银行包括工、农、中、建四大行以及国开行、交行和邮政储蓄银行，中资全国性大型银行指本外币资产总量大于 2 万亿元的银行（以 2008 年末各金融机构本外币资产总额为参考标准）。Wind 可查到 383 家银行 2017 年末的资产规模，但无法直接区分"全国性中小银行"的口径。

联网金融机构。然而，随着交易对手的多元化，交易对手信用质量
参差不齐，风险形势变得更加严峻。尤其是对于中小、民营金融机
构，由于资产规模小、交易成本高、风险管理能力薄弱，部分机构
负面新闻频发、风险隐患初现端倪，交易对手信用风险不容忽视。

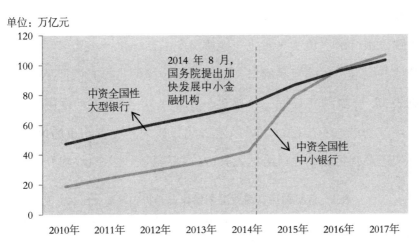

单位：万亿元

图 4　中资全国性大型及中小型银行资产总规模

数据来源：央行统计数据。

（四）流动性风险与系统性金融风险

总结金融机构失败案例，我们还发现流动性风险会成为"压倒
骆驼的最后一根稻草"，并成为系统性金融风险的放大器。

流动性风险是指在短时间内将所交易的金融资产变现或反向冲
销所需承担的损失，或者是由于自身资金不足难以偿付到期债务的
风险。流动性风险产生的主要原因，一是因为市场交易量不足，难
以获取市场价格（或预期市场价格），导致无法平仓，交易人只能持
有到期，按约交割；二是由于市场对交易人失去信心，导致其难以
融集到资金。相比较而言，场外交易（OTC）的流动性较差。结构

性信贷产品大都量身定制，基本上需要持有到期，且多在场外市场交易，缺乏连接不同买卖方的共同场所，二级市场的流动性极低，一旦违约，重置成本极高。流动性降低也增加了估值难度，降低了做市商的流动性供给意愿，流动性风险加剧了市场波动。次贷危机呈现出了明显的流动性螺旋（Liquidity Spirals），即"金融工具价格下跌→银行资产负债表恶化→销售资产去杠杆化→风险偏好收紧(提升信贷标准、压缩交易敞口、增加保证金比例、提高抵押品折扣率，见表1）→流动性萎缩→价格进一步下跌"，通过流动性循环机制，市场波动进一步加剧，市场风险被明显放大。现有的市场风险管理框架还没有将流动性风险纳入其中，制约了管理效果的提升。

表1 危机前后交易业务初始保证金折扣率变化（%）

抵押品类别	危机前	危机后
美国国债	0.25	3
投资级债券	0—3	8—12
高收益债券	10—15	25—40
股票	15	20
投资级别 CDS	1	5
优先级杠杆融资	1	2
ABS CDOS BBB	10—20	40—70

数据来源：IMF；花旗集团报告。

流动性是金融体系的血液，流动性风险本质是整个金融体系的信用转换骤停。无论中外，银行间市场都是核心的基础市场，该市场的价格是整个金融体系价格的基准（如Libor）。过去几年，在金融机构资产多元化、资产期限长期化以及跨界合作过程中，金融机构对短期流动性的依赖程度日益提升，典型表现在隔夜拆借市场上。银行间市场已经成为一个严重依赖流动性的交易型市场。隔夜

拆借规模从 2015 年 2 月份的 1.34 万亿元飙升至 2016 年 8 月份的 9.44
万亿元[①]。一旦银行信用风险持续累积，期限错配管理难度提升，
资产负债匹配更加困难，可能导致银行部门在流动性管理上面临实
质性难题，进而导致银行体系以至整个银行间市场的流动性风险。

二、金融结构变化与市场风险对系统性金融风险的影响

长期以来，防范化解系统性金融风险的关注点一直集中于控制
不良贷款方面，毋庸置疑，贷款是以往国内市场主体开展融资的主
要方式，也是银行资产主要组成部分，过高的不良贷款必然降低融
资效率、增加银行信贷成本、侵蚀银行资本乃至引发银行业系统性
风险。但近年来我们关注到，随着多元化多层次金融市场发展，中
国金融结构已经发生深刻变化，贷款在社会融资总量中占比降低，
非信贷金融市场规模扩大、活跃度提升，直接配置资源的能力增
强，也意味着相关金融市场中的市场风险对金融体系的影响越来越
大，日益成为系统性金融风险防控的核心。

（一）贷款在社会融资方式中的主导地位已经改变

近年来，受金融脱媒、资本市场发展迅速及信贷规模受严格管
制等因素影响，国内本外币贷款增量占社会融资规模增量比例由
2002 年的 95.5%，最低下降至 2013 年的 54.7%。近年，由于监管
部门对表外融资管理日益严格、市场利率呈上升趋势等原因，本

---

① 数据来源：国家金融与发展实验室《中国金融监管报告 2018》。

外币贷款增量占社会融资规模增量比例开始回升，2017 年上升至 71.2%[①]。

从社会融资规模存量来看，2017 年社会融资规模存量为 174.64 万亿元，是 2002 年的 11.8 倍；对实体经济发放的人民币贷款余额 119.03 万亿元，是 2002 年的 9.2 倍；委托贷款、信托贷款和未贴现 的银行承兑汇票余额合计 26.94 万亿元，是 2002 年的 44.5 倍；非 金融企业境内股票和企业债券余额为 25.02 万亿元，是 2002 年的 33.9 倍[②]。过去 15 年直接融资余额和表外业务余额的增长速度远远 快于贷款余额。

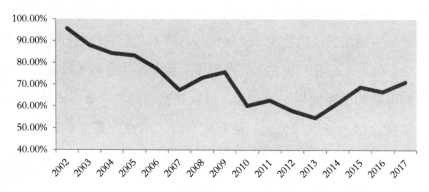

图 5　新增本外币贷款占新增社会融资规模比例
数据来源：央行统计数据。

随着结构化去杠杆进程的推进，银行表外资产将逐步转回表 内，2018 年以来各项社会融资中，除了贷款正常增长以及股票增 量下降外，其余各项融资均为负增长，新增信贷规模占新增社会融

---

① 数据来源：中国人民银行《2017 年社会融资规模增量统计数据报告》、国家统计局 《中国统计年鉴 2017》。

② 根据中国人民银行《2017 年社会融资规模存量统计数据报告》中数据测算。

资规模的比例有可能进一步上升，但从长期来看，非信贷类的间接融资以及直接融资占比逐步提高仍然是经济发展的必然趋势，贷款占社会融资规模九成以上的局面不会再出现，多元化社会融资格局已经形成。

第三产业快速发展进一步催生非信贷融资需求。在当前经济发展阶段，中国产业结构发生了深刻变化，第一产业和第二产业增加值占国内生产总值比例呈下降趋势，第三产业增加值占国内生产总值比例稳步提升。第一产业、第二产业和第三产业增加值占国内生产总值比例由 2002 年的 15.4%、51.1% 和 33.5%，变化为 2017 年的 7.9%、40.5% 和 51.6%[①]。

第三产业具有轻资产的特征，许多属于第三产业的高新技术、现代服务企业由于缺乏固定资产、抵质押物，且企业未来发展潜力难以在当期财务数据上体现，难以获得贷款资金支持，而直接融资

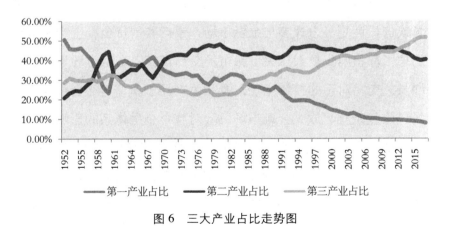

图 6　三大产业占比走势图

数据来源：国家统计局。

---

① 　数据来源：国家统计局《中国统计年鉴 2003》《2017 年国内生产总值 (GDP) 初步核算结果》。

有助于这些企业募集其经营发展所必需的资金。随着市场短期流动性风险和信用风险慢慢释放，以及第三产业快速发展，中国直接融资增速将明显反弹，新增贷款规模占新增社会融资规模比例的上升空间将更为有限。

考虑到表外理财产品、私募股权基金和P2P网贷等未纳入社会融资规模统计范围的融资规模正在快速增长，贷款在实际社会融资总量中的比例将进一步降低。

（二）金融市场规模和活跃度双升放大对金融体系影响力

金融市场规模和活跃度双升放大对金融体系影响力，市场风险需要引起中国银行业高度重视。非信贷类融资需求的增加，促进相关金融市场快速发展。货币市场、外汇市场、债券市场和股票市场等金融市场，是非信贷金融资产的主要交易流通场所。对于中国银行业，不论是直接在金融市场投资交易，还是通过理财产品、资管计划或信托计划等方式参与金融市场，银行非信贷金融资产配置规模的扩张都将同步扩大相关金融市场交易规模。金融市场规模的迅速增长、交易对手的持续增加以及相关产品创新，势必会引起相关市场风险复杂化，放大金融市场风险对整个金融体系的影响力。值得注意的是，如果这些金融市场只是对实体经济的融资规模扩大，而对融资工具的再交易金额并没有相应上升，那么融资规模上升带来的风险在低活跃度市场环境下，并不会有大幅增长。但统计数据表明，中国金融市场的各类交易金额随着其融资规模的扩张而大幅上升，加剧了金融市场的不确定性。

——债券市场：2018 年 5 月中国银行间市场现券交割量

54736.41 亿元，是 2002 年 5 月的 106.0 倍①。

——股票市场：近年来，中国股票市场成交金额屡创历史新高，以 2015 年为例，日均股票成交金额为 7929.92 亿元，是 2002 年的 67.1 倍②。

——外汇市场：随着 811 汇改后一系列政策的落地，人民币即期市场活跃性显著增强。2018 年 5 月美元兑人民币外汇即期交易成交金额 39024.14 亿元，而这一金额在 2015 年 7 月只有 3858.89 亿元③。

在金融市场融资规模和交易金额呈几何倍增长的情况下，我们必须加倍警惕潜在市场风险可能对金融体系造成的损害。

（三）银行管理资产风险与金融市场风险存在相互影响的镜像效应

银行管理资产风险与金融市场风险存在相互影响的镜像效应，市场风险波动必将引发银行体系风险。金融市场扩张的背后，是银行在货币市场、债券市场和外汇市场的深度参与，相关市场规模和活跃度的变化是银行对金融市场交易参与度大幅提高的体现。而理财产品的创新，又为银行打开了参与股票市场的渠道。银行不仅能够通过理财资金为上市公司员工持股计划、定向增发和新股申购等业务提供资金支持，还能通过委外业务等方式直接投资二级股票市场。这表明银行经营风险与货币市场、外汇市场、债券市场、股票

---

① 中央国债登记结算有限责任公司统计数据。
② 中国证券监督管理委员会统计数据。
③ 中国外汇交易中心暨全国银行间同业拆借中心统计数据。

市场的关联性越来越高，也扩大了不同金融资产互相之间的风险关联性。

比如，股票质押式回购业务就有可能因为股票市场的波动，威胁到银行信贷或理财资金的安全。股票质押分为在交易所内完成的场内股票质押业务，以及在中证登公司办理股票质押登记的场外股票质押业务。银行是场外股票质押业务的主要资金供给方之一，通过质押股票发放信贷资金或通过表外理财产品投资对接相应资产。虽然银行可通过设置警戒线和平仓线，及时监控股票押品价值波动并随之调整投资风险敞口，但如果出现底层股票资产连续跌停等极端情况，押品价值无法覆盖风险敞口，银行仍有可能遭受巨大损失。

2018年以来，股市风险积聚，部分股价的持续下跌引发股票质押业务风险的急剧上升。近几个月，股票市场走势疲软，截至2018年6月26日，A股的股票质押总规模达5.42万亿元，占A股市值的9.9%，共有769家上市公司的2985笔股票质押业务触及平仓线，市值达8440亿元①。而回顾半年前，仅有不到400笔股票质押业务触及平仓线。

债市、汇市、股市、信贷风险相互交织。中美贸易摩擦、中国经济增速调整和美元进入加息周期等因素产生复合影响，汇市方面，人民币汇率贬值压力日渐增大，债市方面，信用违约频发，2018年上半年，信用债市场违约规模合计253.01亿元，比去年同期（171.96亿元）增加47.13%，已超过去年前三季度水平（226.45

---

① 杨佼、尹靖霏：《股权质押触及平仓线市值8440亿，券商占比近八成承压》，《第一财经》2018年6月27日。

亿元）①，引发市场对企业流动性和经营能力担忧等。外汇市场和债券市场的风险已传导至股票市场，而股票市场的潜在风险又有很大可能通过股票质押业务等方式传导至银行。与此同时，债券发行主体违约，也使其银行信贷分类下迁，直接造成银行损失。一旦外部市场风险波及银行内部资产质量，银行极有可能收紧整体信贷政策，企业流动性进一步缺失，弱化企业经营能力，对其日常经营产生连锁负面影响，再次导致企业股价持续下跌，同时进一步限制企业融资渠道，增加部分企业贷款和债券违约的概率，形成恶性循环。银行非信贷业务风险在不同市场之间交叉传染之后，将不断循环扩大、蔓延扩散，进而对整个金融体系造成难以弥补的破坏。

可见，在当前社会融资结构变化、金融市场风险相互传染的情景下，仅仅控制信贷风险不足以达到防范系统性风险的根本目的，我们要将注意力更多地集中在金融市场，加强对市场风险的管控能力。

三、银行业市场风险管理能力亟待提升

信贷业务是中国银行业的传统核心业务，为保障业务健康可持续发展，大多数国内银行都对信贷业务建立了相对完善的管理政策、制度、流程和工具体系，包括明确贷前、贷中、贷后操作要求，开发内部评级模型，实施统一授信和贷后监控等，很多银行不

---

① 数据来源：Wind 数据库。

仅为信贷业务投入了大量的人力资源，还制定了合理的激励约束措施，搭建了先进的信贷管理 IT 系统平台，应该说，经过多年建设，中国银行业信贷管理体系已相对完备。近期我们关注到，银行非信贷业务发展迅速，部分银行的非信贷资产（包括投资、表外授信、受托管理资产，下同）的总规模已经超过信贷资产规模，银行业过去为抵御信贷风险建立的堤坝可能已经不够牢固。许多银行中，对规模达几千亿元甚至过万亿元的理财和金融市场业务，却只有几十人负责管理，跟国外领先银行同业投入的资源相比，存在明显差距。此外，部分发达国家金融市场有着完善的外部评级和金融市场体系，当地银行也可以借用外部风险管理资源来弥补内部资源的不足，而国内银行难以借用到优质的外部管理资源，只能依赖于严重不足的内部资源。这些因素不仅限制了银行通过主动管理从非信贷业务中获取更高利润的能力，更使得银行面对巨大的市场风险敞口。

（一）非信贷业务的管理制度缺陷

对比信贷业务，国内银行对非信贷业务的管理制度尚不完善，不论是内部评级制度，又或是投后管理制度都有待加强。

在人力资源和技术资源上，国内银行在非信贷业务上投入的内部资源远低于国际领先银行，对非信贷业务的管理力度远远不够。绝大多数银行资产管理部门的员工人数不足百人。而摩根大通资管部门现有 900 多名组合经理、250 多名行业研究人员[①]，仅从投研能

---

① 数据来源：麦肯锡 2018 中国银行业 CEO 季刊春季刊。

力而论，就领先国内所有银行。

即便与国内基金管理公司相比，国内银行在金融市场和资管业务投入的力量也很薄弱。有组织调查 106 家基金公司人员配置情况，员工总数为 18920 人（含各分公司及子公司员工），平均每家 178 人。易方达基金、华夏基金、嘉实基金、南方基金、博时基金等 16 家基金公司的员工人数在 300 人以上。基金公司的员工人数，特别是投研人员，通常远多于国内同等管理规模的银行资管和金融市场部门。

（二）债券市场信用评级体系的缺陷

虽然银行可以借助自己系统内研究机构的力量，来加强对非信贷资产的投资管理，但银行的研究机构通常还需兼顾信贷类业务的研究支持工作，无法投入全部精力来钻研金融市场，难以按非信贷资产的类别建立差异化的研究团队。同时，尽管部分银行已经建立了专门的市场风险管理部门，但相比从风险管理、信贷管理、授信审批等多个维度对信贷业务进行的管控，银行对非信贷业务的风险管理体系仍有较大提升空间。

成熟金融市场具备发达的外部评级体系，为国外银行提供了优质的外部管理资源。而国内公开信用评级体系由于种种原因，对债券和债券发行体的评级结构细化程度较低，对银行业而言可借鉴性较差。当前中国存量信用债市场中，AA 级以上债券和未评级债券占比较高，区分度有限。以债项评级来看，截至 2018 年 6 月 29 日，中国市场 AAA 评级债券占信用债余额 38.81%，AA 以上评级债券占信用债余额 57.16%。以发行主体评级来看，截至 2018 年 7 月 4

日，中国市场 AAA 评级企业的债券余额占信用债余额的 60.03%，AA+ 评级企业的债券余额占信用债余额的 17.84%，AA 评级企业的债券余额占信用债余额的 14.20%[①]。

相比而言，国际评级机构对债券市场的评级标准更为细化和严格，评级结果区别度高，可借鉴性较强。截至 2018 年 6 月 29 日，以标普评级统计，美国信用债存量市场中，AAA 评级发行体债券余额占信用债余额的 2.2%，AA 以上评级发行体债券余额占信用债余额的 8.1%；英国信用债存量市场中，AAA 评级发行体债券余额占信用债余额的 5.2%，AA 以上评级发行体债券余额占信用债余额的 12.7%[②]。

由于中国信用债评级分布过于集中在 AA 级以上，银行难以通过评级体系对债券发行体的实际经营情况作出准确判断。部分国际金融机构投资中国信用债时，甚至不允许参考中国评级公司的债券评级，而是依靠其内部评级作出投资决策。这从侧面说明，无论是公开评级还是银行内部评级体系，都面临创新完善的迫切需求。

因此，中国金融结构的转变，使得非信贷融资在社会融资中起到越来越重要的作用，银行非信贷资产的规模在过去十几年内与日俱增，但银行内外部资源上对非信贷资产的投入，远不足以匹配目前巨大的非信贷资产规模。而银行业非信贷资产的安全与市场因素的关联性日渐紧密，在金融市场波动更为剧烈的今天，银行业面临巨大的市场风险敞口。目前，银行业对市场风险重要性的认识不足，我们有必要深入研究金融市场风险在金融系统中的传导机制，

---

① 数据来源：Wind 数据库。
② 数据来源：Bloomberg 数据库。

竭力避免系统性金融风险的发生。

(三)市场操作风险管控体系的缺陷

对于商业银行而言，金融市场领域操作风险与市场风险的交织日趋紧密，有效管控非信贷领域的技术难度远远大于信贷领域。

现代金融市场业务的最主要特点是 IT 的广泛应用，不仅在于金融市场业务的交易、结算和清算环节，市场风险管控措施也需要依托高度 IT 化的交易业务流程展开。客观上要求银行内部管理流程、工具、策略、规则等必须与 IT 平台高度融合，量化交易（Quantitative Trading）模式（包括风险对冲、套利交易）和风险限额等风险管理技术被整合于 IT 平台之中实施机控。业务流程中蕴藏的操作风险管理与市场风险管理相互交织，互为补充，必须要高度协同，一体考虑，否则就会出现短板效应。同时，金融业和金融市场的全球化的趋势，使得一些"操作"上的失误，可能带来很大的甚至是极其严重的后果。从 1995 年有着 233 年历史的巴林银行由于交易员李森的违规操作而轰然倒塌、2008 年法国兴业银行由于交易员科维尔的违规操作导致 49 亿欧元损失，到 2011 年瑞士银行由于交易员阿多博利的违规操作遭受 23 亿美元损失，都充分说明了这一点。事后解剖这些案例，上述银行虽然都建立了相对严密的市场风险管理体系，采用了先进的市场风险管理工具，但如果操作风险管理不当，诸多看似严密的市场风险管控措施都会形同虚设。

要做好交易业务的操作风险管控，关键在于抓好以下几方面：一是开展独立价格审查和验证。明确由独立于交易部门之外的部门或团队负责统一审阅所有金融工具的估值，估值方法及估值使用市场参数的合理性、一致性，探索开发相关的价格审核系统。二是交易授权合理有度。与信贷业务相比，交易业务授权的规范性更显重要，要做到视交易员的能力和品格授权，授权有度，大权集中、小权分散，分权不放任，有效控权。三是监督检查到位。建立流程内的监督复核机制，根据金融市场业务投资、代客、自营、理财等不同业务模式的特点，对业务和流程的风险环节实施流程内的日常监督和复核，做实全流程的端对端管控，出现操作风险事项，须进行根因分析（Root Cause Analysis），举一反三。四是交易员行为管理和责任处罚结合。实施交易员准入和资格认证，建立一套交易异常行为识别和管控机制，定期开展交易员行为排查。对超授权、未按流程办理交易业务的，应及时识别和开展责任处罚。

由于银行业务日益复杂，IT 技术不断快速发展，管理上的失误或疏忽可能酿成巨大的灾难性后果，操作风险"黑天鹅"事件是造成商业银行发生巨额损失的重要因素之一。以 2012 年 5 月摩根大通的"伦敦鲸"事件为例，短短几个月时间里，以"伦敦鲸"（交易员绰号）为代表的伦敦投资办公室累计发生交易损失高达近 60 亿美元，损失主要原因在于：一是风险治理存在缺陷，因对冲业务赚钱，伦敦投资办公室从风险对冲中心转变为利润中心，远离纽约总部，缺乏有效监督；二是投资策略有误。对同一交易品种持有仓位过大，双边头寸过高，扭曲了市场，遭到对冲基金逼仓；三是限额管理缺失。为追求高额利润，取消了对单个交易员的止损限额控制，没有设置单边敞口的集中度风险限额，导致在同一市场内持有过大仓位，无法平仓止损。由于金融机构，尤其是大型商业银行交易量往往较大，且风险集中，如果操作风险与市场风险交织在一起，操作风险事件往往具有颠覆性的危险，必须引起管理层的高度重视。

我也想强调必须建立完善的针对交易员的管理制度。交易员是与市场直接接触的行为主体，承担了高风险和高强度心理压力，应当建立一整套交易员准入、行为考核、交易授权和动态退出机制。交易员准入环节中，只有在经过严格培训和性格测试以后，才能将交易员配置在交易岗位上。应根据经验和能力评估，给交易员赋予不同的交易决策授权。在交易员行为考核时，可实行计分制，根据计分结果实施动态退出机制。通过这些制度安排，既能减少市场风险，也能有效防控市场风险有关的操作风险，还能在一定程度上保护交易员群体。

四、结论

中国金融结构的转变，使得非信贷融资在社会融资中起到越来越重要的作用，银行非信贷资产的规模在过去十几年内与日俱增，但银行内外部资源上对非信贷资产的投入，远不足以匹配目前巨大的非信贷资产规模。而银行业非信贷资产的安全与市场因素的关联性日渐紧密，在金融市场波动更为剧烈的今天，银行业面临巨大的市场风险敞口。我们要站在系统性金融风险防控的高度，重视并深入研究市场风险在金融系统中的传导机制，竭力避免系统性金融风险的发生。

基于当前的业务和管理实践，一是要从系统性风险防控的角度出发，重视系统性金融风险形成机制中的市场驱动因素，增加市场风险的资源配置，构建与风险态势相匹配的风险管控队伍、管理系统、管理手段和管理实力；二是充分借鉴传统信用风险管控的经验，夯实市场风险管理的外部基础，提高评级的区分度，完善发行体评级与债项评级方法，提高评级在市场风险管控中的作用。三是完善市场风险的内部管控制度、流程和方式、方法，尤其是从传统的金融市场交易拓展到新兴的同业、资管等泛金融市场业务，提高管控的效果。四是高度重视市场风险与信用风险的差异，尤其是市场风险与操作风险交织的复杂局面，抓住关键风险点，通过交易的授权、交易价格的审核、系统的直连与机控、交易员的行为管理、交易对手的导入风险管理等，防范操作风险和市场风险的交叉传染。

金融监管方式的思维质变

——金融监管的不可或缺性与监管改革方向

    2007 年次贷危机引发的全球金融危机，不仅重创了美国经济，还严重损伤了美国的国际金融地位。为此，以美联储为核心的美国监管当局对危机进行了深刻反思，推出了力度空前的金融监管改革措施。此后中国经济也深受此次金融危机的影响，密切关注国际金融监管改革进程，并针对经济金融发展中存在的潜在风险，普遍强化了监管力度。然而，无论是美国还是中国，有不少人对于强化金融监管存在疑虑。认为过于严格监管、更高资本要求会影响银行信贷扩张，并最终损害经济恢复。那么，对于全球出现的强化金融监管的趋势，到底应该怎样认识？研究发现，现代金融发展史，就是一部金融危机史，同时也是金融监管当局不断强化监管和金融机构寻求监管套利的相互博弈的历史。金融监管的不可或缺，既是金融危机的历史经验，也是金融逻辑的内在要求。

一、监管缺失导致金融风险积累越过边界，是金融危机爆发的重要原因，20 世纪以来的历次金融危机更是无一例外

美国次贷危机爆发 10 周年和亚洲金融危机爆发 20 周年之后，回顾 20 世纪以来金融危机成因，可为当下金融监管改革提供有益的观察视角。20 世纪以来，从 1907 年美国的银行业危机起，到 2007 年美国次贷危机止，中间经历了 1929 年世界经济危机（大萧条）、1987 年的美国储贷危机及同期的北欧银行危机、1997 年东南亚金融危机。虽然每次危机都有独特的背景和发展过程，但如沿着时间演进次序，把 20 世纪以来所有危机放在一个视野中考察，可以发现的确存在危机—监管改革—金融创新—监管缺失—新危机的逻辑循环。

1907 年美国银行业危机，直接导致了美国联邦储备银行体系诞生。20 世纪初，美国金融业投机盛行，不受监管的信托投资公司通过高息承诺，将纽约一半左右的银行贷款投在高风险的股市和债券上，整个金融市场陷入极度投机状态，经济严重泡沫化。美国第三大信托公司的破产传言，引发了华尔街的大恐慌，客户疯狂挤兑，并引发金融危机。紧随其后的银行危机和金融支付限制，导致金融紧缩演变为严重经济衰退。事实说明，银行系统在面对公众流动性偏好改变时无比脆弱。此次危机导致了 1914 年美国联邦储备系统的诞生，以流动性提供和最后贷款人角色为核心功能的中央银行制度确立，金融体系的稳定性得以增强。反过来看，我国 20 世纪 80 年代末 90 年代初经济过热和"金融三乱"没

有酿成大的危机，与中央银行体系已经存在并恰当发挥作用有直接关系。

1929 年的经济大萧条，推动美国步入金融分业经营、分业监管时代。危机之前，实体经济疲弱和个人消费信贷等银行信用的泛滥，导致股市虚假繁荣，大量资金加速撤出生产部门，投向更高回报率的证券投资领域，增大了整个金融体系的系统性风险。1929 年华尔街股市崩盘，美国金融泡沫开始破灭，大量银行挤兑，95% 商业银行倒闭，美国金融体系几乎瘫痪，并导致了全球范围的经济衰退。针对危机前的混业经营乱象、对银行投机和证券市场缺乏监管，危机中监管部门的不作为①，促使美国改变了监管政策。罗斯福上台后颁布了《格拉斯—斯蒂格尔法》，禁止商业银行、投资银行和保险公司在业务上相互渗透，此后相继颁布了《1934 年证券交易法》《投资公司法》等一系列法案，美国步入严格分业经营、分业监管时代。回头看 2015 年我国的股市危机，也是顺周期的融资融券杠杆行为放大了股市风险，一定程度上监管失效催生了这次危机。

1987 年爆发的美国储贷危机，形成了以风险为本和资本为核心的金融监管理念。80 年代初美国升息步伐加快，为吸引更多存款，储贷机构高息揽存，并被迫寻找更高收益的投资项目。监管宽松，导致零首付房贷涌现，储贷机构还开展了不动产投资等高风险活动，银行信贷过度扩张，风险酝酿和集聚正是储贷危机爆发的重

---

① 经济学家弗里德曼认为："这场大萧条，美联储负有不可推卸的重大责任，一些银行的倒闭非常有可能引发连锁反应，美联储本应及时干预，恢复公众信心，终于酿成了金融系统几乎完全崩溃的局面，出现了倒闭—挤兑—倒闭的循环。"

要原因①。以 1989 年美国大陆公司破产为标志，储贷危机席卷全美，在 3234 家储贷机构中，有 1043 家无法兑付储户存款。此后，美国相继颁布了《银行平等竞争法》《金融机构改革、恢复和强化法》等一系列法律，限制银行从事非银行业务，规范非银行机构的银行活动。同时，监管制度安排上，由金融机构发生问题后被动救助，变为早期出手干预，从而使问题机构的损失更有可能由其股东自行承担，不需殃及其他利益相关人。中国当下线上线下泛滥成灾的理财骗局，与储贷危机有诸多相似之处：高息揽存、资产错配和自融资行为，背后都是监管不到位导致风险频发。

1997 年的亚洲金融危机，促成了巴塞尔新资本协议的出台。危机前，东南亚各国盯住美元的固定汇率制度安排、银行对私人部门和企业信贷的持续快速增长、证券市场与房地产市场泡沫以及不合理的外债结构，埋下了危机隐患。亚洲金融危机由货币贬值和汇率风险引爆，资本净流出增大，外汇储备下降，国内利率暴涨，债务偿还困难和资本市场泡沫破灭，逐步演变为区域性的亚洲金融危机。亚洲金融危机展现了信用风险、利率和汇率风险的相互交织的巨大破坏力，使国际银行业普遍感到现行的金融监管框架无法有效应对多种风险相互交织的情景。在这一背景下出现了金融监管三大支柱②为主要内容的巴塞尔新资本协议。从另一视角看，亚洲金融危机中，虽然中国香港地区出现资产泡沫破灭，但远未达到泰国、

---

① 美国清算信托公司前主席 L. William Seidman 曾负责处理储贷机构的破产清算工作，他将储贷危机爆发原因归结于政府放松监管和提高存款保险。"骗子和精英都找到了一条自肥的路——拥有一台赚钱机器，并用它从事高概率的赌博活动。荒谬的是，我们的制度正是在鼓励这种做法。"

② 最低资本金要求、外部监管及市场约束。

菲律宾等深陷金融危机的程度，正有赖于其金融体制相对健全和富有韧性，其金融监管相对及时、到位。

2007 年爆发的次贷危机，也对金融监管缺位后果做了生动刻画，导致美国出台了空前严格的金融监管模式。危机前，金融机构将风险较高的次级抵押贷款①包装为标准化的债务工具（如 CDO②等），通过特殊目的载体，以私募或公开方式，向市场不特定多数投资者销售，实现风险的转移。通过包转、分池、通道和评级公司不负责任的风险评级，这些原本高风险的金融工具，摇身一变为高评级的优质资产，被不知情的投资者大量购买。一些放贷机构率先申请破产保护，引起市场对其他次贷持有机构破产的忧虑，风险开始快速传染并出现大型金融机构破产，渐次引发系统性金融风险。监管机构对风险的漠视、对金融欺诈的不作为和金融政策的顺周期性，是次贷危机反映出的深刻教训。危机后美国政府深入反思，做了一系列针对性的监管改革，突出体现在对衍生产品交易、系统重要性机构和消费者权益保护的监管上。

回顾 20 世纪以来出现的历次金融危机，基本遵循同样的危机演变逻辑：金融创新发展导致监管滞后，金融监管缺失的存在，个别风险激进的系统性重要金融机构③率先破产，渐次引发金融危机，以实体经济被动调整告终。事实一再证明，金融监管缺失必然导致金融体系过度承担风险。金融市场发育越充分，金融体系效率越高，风险传染和共振的概率越大，金融风险导致的后果可能越严

---

① 向信用等级较差和收入较低的借款人提供的住房按揭贷款。

② 担保债务凭证的简称，标的资产通常是信贷资产或债券。

③ 不一定是银行，如储贷危机中的美国大陆公司和次贷危机中的房地美等。

重。金融监管篱笆越扎越紧不能保证不发生危机，但监管松弛必定引发危机。

二、金融自身的逻辑决定了市场机制纠偏的代价很大，甚至大到难以承受的地步，需要政府以监管的形式介入

金融是信用创造和经营风险的特殊行业，金融自身的逻辑导致金融业具有典型的外部性和高度的信息不对称性，无法依靠市场机制自发作用来调节，只有依靠政府有效介入才能消除，这正是金融监管的缘起和初衷。

——金融是风险的转移和集聚。金融的本质是信用，而信用制度天生是一把"双刃剑"，在促成生产和资本高效集中①的同时，也成为风险集聚的有力杠杆，从而铺就了一条通往金融危机的"捷径"。客户在向金融机构让渡收益的同时，风险也向金融机构转移和集中。风险大小，取决于客户信用，信用不断变化，信用可立可破，充满着不确定性，风险管理如同"刀尖上跳舞"。金融业是经营风险的行业，核心是风险和收益的平衡。市场经济越深入、越开放，金融市场越发展②，风险形态越多样③，风险机理越复杂，金融

---

① "假如必须等待积累使某些单个资本增长到能够修建铁路的程度，那么恐怕直到今天世界上还没有铁路"。——马克思

② Has financial development made the world riskier？ IMF 首席经济学家 Rajan 的一篇论文题目，答案是肯定的。

③ 随着金融市场发展，在信用风险基础上，收益率风险、利率风险、汇率风险和信用风险等新风险不断出现，外汇掉期、利率互换、货币互换、金融期货期权、动产抵押债券等金融衍生工具及其市场也应运而生。

机构个体风险与收益平衡越具挑战性。在风险和收益的博弈中，当期收益的诱惑往往大于对未来风险的担忧，在承担风险上，金融机构总是有不竭动力。金融监管缺失，市场机制将无法避免"劣币驱逐良币"，稳健经营者被淘汰，导致金融体系风险日益积累。金融体系需要通过集中风险的方式实现金融功能，就必须通过一种非市场的机制——监管——来降低风险。

——金融资产价格有自强化功能。这种自强化机制会导致金融行业在金融过剩和金融供给不足间摇摆，需要监管通过逆周期方式介入，削峰填谷，平抑波动。因金融体系中杠杆的存在，资产价格波动会对金融体系形成周期性冲击。资产价格上涨时，抵押物价值上升，金融机构信贷扩张，社会信用规模扩张，乐观的经济形势推动资产价格进一步上升，正反馈的自我强化使得这一过程继续，直到预期扭转。反过来，当资产价格下降，抵押物贬值，信用收缩导致资产价格进一步下跌，形成负反馈的自我强化。这种杠杆支撑下的自我强化机制，会导致金融过度繁荣和危机时的过度紧缩，这一点在历次危机中暴露无遗，必须要政府介入，实施逆周期的金融监管来打破这种循环。

——金融具有风险传染和巨大的负外部性[①]。金融外部性的存在，无法依靠市场机制使责任"内部化"，只有政府介入才能避免风险溢出带来危机。在传导性、交叉性、关联性大增的现代金融体系中，宏观金融风险不再是个体风险的简单相加。风险总是在金融

---

① 又称为溢出效应或外部经济，指一个人或一群人的行动和决策使另一个人或一群人受损或受益的情况。经济外部性是经济主体（包括厂商或个人）的经济活动对他人和社会造成的非市场化的影响。

体系中最薄弱的一环引爆，并通过体系中固有的杠杆机制逐步放大和强化，殃及整个金融市场和所有金融机构，导致出现系统性金融风险，严重威胁到社会经济生活的各个方面。由于金融机构只对机构自身负责①，而不对市场整体风险负责，因此其自身扩张行为就易埋下产生系统性风险的隐患，为避免出现难以承受的后果，政府必须介入。

——金融是跨越时空的价值交换。时空错位带来信息的严重不对称，使得市场主体之间难以像以物易物那样进行更好的自我管理，需要政府介入维护市场秩序和保护消费者权益。与商品交易的付现持有或物钱两讫不同，金融交易涉及价值（现金流）的跨期交换，即当前确定的现金流和未来不确定的现金流的交换。金融交易由于存在时间跨度，欺诈者往往在其行为被发现之前就逃之夭夭。另外，时间本身对于金融产品也是有价值的，因此欺诈行为所造成的损失会更大。衍生产品交易之所以成为金融欺诈的重灾区，正是因为最终的交易双方和中介往往相隔很远。受时空所隔，衍生产品交易往往受到欺诈、误导、虚假收益承诺等行为的困扰。其他的不公平或欺骗性的金融交易行为还包括虚假交易（Fictitious trading）、虚幌交易（Wash trades）、滥用市场信息以及根据从交易单中获得的机密情报，抢在顾客前面交易（Front running）等，这些行为使投资人损失部分或全部投资。

---

① 为生存而赌博，金融机构蒙受损失时，往往会铤而走险，风险承担更激进。

三、次贷危机后美国推出的监管改革举措取得了一定成效，但也面临较多争议，金融监管体制仍在探索之中

次贷危机暴露了全球和美国金融监管结构中存在已久的缺陷，促成了一系列金融监管改革，随着《多德—弗兰克华尔街改革和消费者保护法》的通过施行，美国金融监管体制进入审慎金融监管时期。美国金融监管改革不仅对美国自身金融体系产生重大影响，在一定程度上将影响到世界金融监管改革趋势。但也需要看到，随着新法案实施，出现了新监管体制影响信贷供给和市场流动性、金融监管体系过于复杂等质疑声音。美国新监管法案的主要措施包括：

设立专门的监管协调机构统筹应对系统性金融风险。金融稳定委员会所涉及的范围很广，不但可以利用联邦政府任何部门的资源，还可以搜集联邦与各州监管机构、金融机构的信息，但必须接受政府问责办公室的监督问责。金融稳定监管委员会的主要职责是监控大型金融公司，对影响金融体系稳定的因素进行调查，找出监管漏洞，并向各监管机构提供监管信息，提出调整意见，从而可以更好地防范金融系统性风险。

强化系统重要性金融机构的监管。新的金融监管框架下，任何具有系统风险重要性的金融机构，都将划入美联储的监管范围之中，实施更加严格的资本充足率标准。第一，明确全球系统重要性银行的识别标准[①]，以便对其实施更为严格的监管，同时针对系统

---

① 包含五大类指标：分别是规模、关联度、可替代性、复杂性以及全球活跃程度，各自又有二级指标。

重要性非银行金融机构建立了遴选标准，一旦被选中，即使不是银行也要受美联储监管。第二，附加资本要求，入选银行在符合巴塞尔委员会最低资本要求基础上额外附加资本。第三，高密度的现场和非现场检查。第四，多情景的压力测试。第五，更多的信息披露，以强化市场约束。第六，提交恢复与处置计划[①]（生前遗嘱）并定期更新，当金融机构陷入实质性财务困境或经营失败时明确快速有序的处置方案，以防止风险外溢，避免政府被动介入救助。

将场外衍生品市场纳入监管视野。大部分衍生品须在交易所内通过第三方清算进行交易。限制银行自营交易及高风险的衍生品交易。在自营交易方面，允许银行投资对冲基金和私募股权，但资金规模不得高于自身一级资本的3%。在衍生品交易方面，要求金融机构将农产品掉期、能源掉期、多数金属掉期等风险最大的衍生品交易业务拆分到附属公司，但自身可保留利率掉期、外汇掉期以及金银掉期等业务。

着力保护消费者和投资者不受不当金融行为损害。建立消费者金融保护局，以保护消费者不受金融系统中不公平、欺诈行为损害。对消费者和投资者金融产品及服务强化监管，促进这些产品透明、公平、合理。提高消费者金融产品和服务提供商的行业标准，促进公平竞争。对提供信用卡、抵押贷款和其他贷款等消费者金融产品及服务的金融机构实施监管。

从实施近七年的情况看，新监管体制在强健银行系统和化解系

---

① 金融机构需要详细分析并说明，在破产程序中如何对金融机构进行处置，包括处置过程中要采取的行动，详细描述金融机构的组织结构、法律实体、相互关系和依存关系、管理信息系统以及业务活动的其他关键组成部分。

统性金融风险方面取得了显著成效。尽管金融危机后的经济复苏过程相对较慢，但美国银行系统展示出了韧性，提高了资本充足率，改善了流动性标准，提高了贷款组合质量并落实了更好的风险管理的基本原则。2017 年 6 月份，美联储公布参加了年度压力测试的 34 家金融机构测试结果为全部通过，意味美国银行业抵御风险的能力已获得美国监管部门认可。美联储主席耶伦认为，危机后的金融体系更安全，美国金融系统在美联储的帮助下趋于稳健。摩根大通行政总裁戴蒙也认为美国银行业系统比以往要强健得多。可以看到，不仅金融监管者，主要金融机构都认为在新的金融体制框架下，金融体系安全性已大大提升。

与此同时，对美国新金融监管框架的质疑和批评也不绝于耳。主要集中在如下四方面：一是新法案覆盖范围过广和合规成本过高，导致银行资产和贷款增长率较低，阻碍了经济复苏。而其中许多监管要求与解决导致金融危机的问题并不相关。二是削足适履的资本、流动性和杠杆要求以及行为监管的大幅加强，破坏了银行满足经济体需求足额提供信贷的能力，特别是"一刀切"的监管要求，导致小企业信贷、住房按揭和信用卡贷款等增长缓慢。三是新监管规则的落实，需要银行提高资产负债表中流动性资产的规模和质量，导致可用于支持做市活动的银行资产负债表比例减少，削弱了对于确保市场流动性水平所必要的做市功能，并对美国在金融市场活力上的领导地位形成冲击。四是复杂而多样的监管要求，对金融机构人力资本造成了沉重负担，由于大型机构可以更加容易地吸收监管成本，对中小型金融机构的影响更大，造成不对称竞争优势。

值得注意的是，在此背景下，目前部分发达国家又出现了放松金融监管迹象。美国总统特朗普大力主张放松金融监管，在竞选总统期间他就多次呼吁废除《多德—弗兰克法案》，但其上任后，态度有所软化，改为主张取消该法案的一些金融规则。2018 年初，特朗普签署了一项法律，废除了该法案中的一些监管条款。英国首相特蕾莎·梅表示，可能通过监管政策调整来吸引投资者和金融机构，应该利用英国脱欧的机会，打造一个"对市场友好的监管框架"。在布鲁塞尔，欧洲最高监管机构也在设法放松最新的国际银行业标准。不过仍有不少人对放松金融监管感到担心。如英国央行行长马克·卡尼曾提出警告，全球金融体系正处在一个"岔路口"，风险尚处于萌芽状态，如果不加以控制，可能会威胁到已经取得的进展。

四、判断监管改革措施到底是过度还是不足，核心是科学定位金融监管与市场的边界，既要避免监管缺位，又要防止监管越位

防范和化解系统性金融风险，是金融监管的首要使命，准确履行监管职责，首先要厘清系统性风险和微观金融风险的边界，否则会模糊金融风险防范的责任划分，导致监管"错位"和"跑偏"，引发逆向选择和市场信号混乱，牺牲金融市场效率。经营风险是金融机构的立身之本，风险和收益的有机平衡，是市场机制在金融领域发挥作用的具体体现。市场经济中，金融交易主体面临多种经营风险，如资产不良、投资损失、收益减少、严重亏损甚至破产等，管理风险是金融机构的经营使命和主体责任。微观风险处理不善形成的损失，应完全由金融机构自己埋单，由市场自主出清。但因金融业具有很强的外部性，金融微观个体风险会外溢和传染，引发系统性风险，巨大的外溢性和经济社会成本是微观个体无法承担的，需要纳税人最终埋单。防范金融危机，政府不能寄希望于每家机构都能平衡好风险和收益，避免"一粒老鼠屎坏了一锅汤"，只能靠政府"有形的手"。监管者在微观金融风险管理上的职责，是从宏观金融稳定出发，确保金融机构的风险承担与其清偿和支付能力相匹配，确保储户、受保人和投资者合理权益不受损害。除此之外的微观风险，都应交由金融机构自行管理。监管过度干预微观行为，会冲击市场规则，抑制市场机制，降低金融体系资金配置效率。

解决市场机制在信息不对称方面的失灵，防止金融欺诈和保护消费者合法权益，也是金融监管的一项重要使命。金融业的另一特征是交易双方信息的高度不对称。与其他行业一样，政府也需要保护金融消费者权益，维护市场公平秩序。不同之处在于，金融活动存在信息的高度不对称，信息的多寡和优劣，决定了交易双方在金融合约谈判中的地位，强或弱，得益或受损。与消费者相比，金融机构居于信息上的优势地位，通过虚化隐饰风险和不当定价，可以在交易中获得更有利的安排。近年来很多所谓金融创新，很大程度上，是金融机构通过人为制造信息不对称，获取套利机会。消费者面对日趋复杂的金融产品，往往沦为金融交易的受害者。

围绕更好实现金融监管目标，全球范围内已探索出一些行之有效的监管手段和方法，有共性和可借鉴之处。重点是构建系统性金融风险监测预警机制和培育微观金融机构的市场化约束机制，两者相互配合共同实现金融稳定的目标。这些做法，为我国防范系统性金融风险提供了可借鉴的思路和路径。

建立系统性风险的监测和预警体系。识别系统性风险是监管机构提供金融稳定这一社会公共品的前提条件。金融危机爆发以来，各国普遍的共识是，日益复杂的结构化金融产品所导致的风险传染，必须通过宏观层面的监测和预警来预防金融危机再次发生。欧洲系统性风险委员会每3个月发布一次欧洲系统性风险仪表盘，通过建立一个颜色代码体系来实施可视化预警。纽约大学斯特恩商学院波动实验室通过融合金融计量中的经典模型和最新研究成果，对系统性风险进行实时监测，并定期发布金融市场整体的系统性风险、单个金融机构对系统性风险的贡献指标和机构排名。

建立以资本为核心的多层次损失吸收体系。推进市场化的约束机制，关键是建立多层次的金融机构损失吸收体系，使风险责任承担明确化。市场化约束机制包括两方面：一是正常经营状态下的风险回报平衡机制，金融机构的经营风险能够通过拨备和资本有效覆盖；另一个是经营失败时的市场化退出机制，包括风险补偿和分担机制。其中资本管理是核心[①]，包括六个维度。1.风险如何计算。客户、业务、期限、风险类型等均有差别化的考量，风险模型和标尺的差错，将导致银行经营行为异化，引发监管套利。2.资本怎么

---

① 资本有两项功能：第一，当公司处境不佳时可以起缓冲器的作用；第二，只要资本要求的构成与风险敞口成相应比例，就可以将公司所承担的风险控制在一定程度。资本要求可以有效防止一个公司的问题变成另外一个公司的麻烦。对金融市场上的交易商而言，尤为重要，因为他们的破产可以导致市场出现问题，例如缺乏流动性（市场冻结）或崩溃（meltdown）。

确认。包括核心资本和附属资本认定标准。"沃尔克法则"要求大型银行控股公司严禁将信托优先证券作为一级资本。3. 资本要求。巴塞尔协议要求银行的资本充足率达到8%，其中核心资本不低于4%核心。4. 逆周期的风险资本准备，在风险计量模型中引入逆周期调整因子。5. 附加资本要求。系统重要性银行的须计提1%—3.5%的附加资本。6. 压力测试，设计各种压力情境，测试资本充足情况，并决定是否可以分红等。

强化问题导向的行为监管。监管范围不仅包括单个机构、某种业务中的具体问题，而且包括市场、行业、区域层面等不同维度中存在的共性问题，可能引发系统风险的重大问题。要以这些"问题"为突破口，尝试运用行为监管的工具来破解。通过行为监管，加强信息披露，提高信息透明度。想要真正了解银行风险状况，单看为应付监管"做"出来的资本充足率和会计报表数字远远不够。金融监管仅仅按图索骥，往往会忽略真实的问题。

坚持重罚违规。2008年金融危机以来，强监管、重处罚已成为全球金融领域执法的新常态。监管执法的主要领域，涉及不当销售、违反反洗钱规定、操纵市场、损害消费者权益、内控缺陷等诸多方面。金融监管领域的执法力度、广度都普遍加大，其执法涉及的单笔总金额也越来越巨大，监管威慑力大大增强。美国银行、花旗集团等五家机构因在次贷危机中不当销售抵押贷款支持证券，被美国监管机构罚款448.5亿美元。瑞士银行、巴克莱银行等17家金融机构则因操纵伦敦银行间同业拆借市场利率，被美英政府罚款60.44亿美元。

采取什么样的监管框架，各国都不相同，不一定亦步亦趋。从逻辑上讲，监管框架服务于监管定位，取决于管什么和怎么管，如果不能把管什么解决好，再精致的体系设计也是空中楼阁。金融监管体制必须与金融发展水平相适应，如果金融监管体制的改革跟不上金融创新的脚步，就会导致金融市场秩序受到扰乱，产生金融风险以至于爆发金融危机。增强金融体系韧性，或者克服金融体系脆弱性，表面上是微观金融实体问题，根源上是金融监管是否及时、到位的问题。

五、把握好处置方式与力度，最大限度避免风险处置次生灾害

近年来，为了应对经济下行压力，我国将加速发展金融市场、推进金融创新作为重要手段，取得了显著成效。但与此同时，金融风险也不断积聚，并呈现出跨市场、跨区域、跨产品、隐蔽性和交叉性等特征，潜在系统性金融风险上升。为此，2016年底中央经济工作会议提出要把防控金融风险放到更加重要的位置，下决心处置一批风险点，着力防控资产泡沫，提高和改进监管能力，确保不发生系统性金融风险；2017年7月份召开的第五次全国金融工作会议要求主动防范化解系统性金融风险，着力防范化解重点领域风险，着力完善金融安全防线和风险应急处置机制；党的十九大更是强调健全金融监管体系，守住不发生系统性金融风险的底线；2017年底召开的中央经济工作会议则进一步明确，要打好防范化解重大风险攻坚战，重点是防控金融风险。各部门和各地深刻领会并认真落实中央战略部署，尤其是监管机构密集出台了多项监管政策。目前，包括决策层、各级政府、监管部门和市场参与者在内的各方，

对于防范和化解金融风险形成了广泛共识。然而，在充分肯定成绩的同时，我们也注意到有关政府部门尤其是金融监管部门在评估判断具体风险方面尚需精细精准，处置时机与处置方式的选择以及力度把握应该更加科学审慎，尽量避免处置风险过程中可能引发的次生灾害①。

金融机构本身就是经营风险的，既然是经营风险，就一定会发生风险损失。对于金融机构正常风险经营中发生的风险损失，应该由市场来消化，由金融机构自己承担（例如计提拨备、核销损失甚至破产清算等）。由于金融风险不能完全内部化，尤其是系统性金融风险无法核算收益与损失，因而无法计提拨备，无法在会计上核销，只能在事前保持敏感，提前识别，及时预警，制定预案；事中从严监管，降低发生的概率。一旦具有重大宏观影响的系统性金融风险发生，风险处置时机与力度的把握、处置方式的选择就显得极其重要。应该看到，不同的金融风险、不同的处置方式，产生次生灾害的可能性及其影响也是不同的。譬如，影子银行直接影响货币信贷市场稳定；地方政府债务风险，处置时机方式与力度把握不好，不仅会影响资本市场（地方政府债务违约对市场的伤害极大），

①　即便各方已有共识和准备，仍需高度警惕处置风险可能引发次生风险，无论是国际还是我们自身的已有经验均显示，如果处置不当的话，次生风险的冲击甚至会超过原生风险，不仅大幅提高了处置风险的成本，而且还适得其反，增加了系统性风险。例如2015年"股市风险"，在对可能出现的连锁反应评估不足，对市场心理和投资者反应方式缺乏清晰认知之下，监管机构仓促处置泡沫去杠杆，引发市场"踩踏"，局部风险循环放大，最终酿成"股灾"。2016年初又仓促推出熔断机制，但由于预案准备不足，导致多数股票出现流动性恐慌，部分股票价格跌破在银行质押的价格下限，风险传导至银行体系，最终监管层紧急叫停熔断，证金公司再次入场"救市"，股市异常波动才逐渐平抑，但救助成本大幅提高，救助时间也被动拖延，对市场情绪形成了巨大的打击。

还会影响地方经济与民生；重要的是有问题金融机构处理不当，有可能引发金融危机。这些次生灾害不可小视。

首先，关于影子银行问题。2017 年以来，针对同业、理财、表外、通道等业务层层嵌套，业务发展速度与内控风险管理能力不匹配，违规加杠杆、加链条、监管套利等行为，金融监管部门持续加大了对影子银行等金融乱象整治力度。应该说，目前监管思路十分清晰，针对性很强。但需要关注的问题是，在规范影子银行过程中，要充分考虑到各类市场主体的连锁反应。例如，规范同业、理财、表外、通道等业务，将会导致大批表外业务回归表内，造成银行资产负债规模扩张，银行体系资本充足率能否覆盖如此大规模的资产负债扩张呢？对于银行表外业务回表产生的资本金缺口，要给出路和设定缓冲期。在处置影子银行潜在风险时，也要防止集中违约引发的挤兑等流动性风险，对服务实体经济的影子银行业务也应积极引导，规范其发展模式，促进其进一步服务实体经济。

为避免影子银行监管改革产生次生灾害风险，笔者建议：一是监管部门应该在监管新规出台之前进一步摸清家底，反复测算。我们虽然认识到影子银行规模巨大，涉及多个金融市场、各类金融机构以及大量非金融机构参与者，业务复杂、相互交叉、相互影响，但目前影子影响的结构到底如何，例如期限结构、匹配情况、投资情况、穿透情况、资金情况、涉及的客户群体情况，都不很清楚；已有的监管改革措施出台之后，到底有多大影响，还缺乏科学全面测算。我们注意到，金融危机后全球各项重大监管改革，特别是巴塞尔委员会推出的各项改革，都是经过多轮数据测算、结果分析，最终确定对市场影响、各方基本可接受、可实施的折中方案。二是通过压力测试，弄清楚改革措施实施后对各市场的影响，提前做好应对预案。在摸清家底的基础上，设计各类压力情景，进行针对性压力测试，提前做好各种应对预案。金融危机后，美联储建立了一套动态的压力测试体系，可以掌握各家系统重要性金融机构在不同压力情景下的收入、损失和资本变化情况。譬如 2017 年美联储全面资本分析和审查（CCAR）压力测试结果显示，在美国商业房地产价格大幅下跌 35% 的情况下，美国 34 家系统重要性银行可以承受最大 4500 亿美元的损失。三是监管部门应建立覆盖所有金融机构、金融基础设施和金融活动的统一基础数据信息平台，实现对金融活动的全流程、全链条动态监测预警。同时，建立便利交易、价格公开、费用合适的非标资产交易平台，为非标资产的估值、定价和交易提供基础，解决资管业务资产端的交易问题。各机构应做好自己的资产负债匹配工作，从产品、估值、风险管理等方面，按照新规建立一套完整的业务模式、风险管理体系，改造信息系统，确保新规可以顺利落地实施。四是安排好过渡期。金融危机后，全球各项重大监管改革，在充分征求各方意见后，过渡期一般安排五年，每年都有具体的实施步骤。现有已经出台或正在征求意见的监管新规，预期都会对中国金融市场将产生巨大的影响，应延长过渡期，以确保各项改革政策可以顺利落地实施。

其次，关于地方政府债务问题。针对不断膨胀的地方政府债务问题，决策层已经采取了设置债务限额、地方债置换、规范举债等多项"开正门，堵偏门"的措施，尤其是地方政府隐性债务无序增长的局面已得到有效遏制。但是国际经验和教训告诉我们，地方政府债务的处置一定要审时度势，最大限度避免地方债务风险传导到整个金融体系。在我国现行财政体制下，既要防止中央财政"兜底"的道德风险，但也不能将"谁的孩子，谁抱走"作为普遍适用的处置原则，无节制地层层向下分解债务责任，更不能简单采取市场化方式推卸应该承担的责任。以东北特钢为例，2016年东北特钢债未能按期足额偿付本息，媒体报道称主承销商曾主动与发行人和控股股东沟通，愿意提供流动性支持，但地方政府相关部门一直未予以回应；交易商协会也曾派员赴辽宁，试图与政府进行沟通协调，但也未果。东北特钢违约事件持续发酵，投资者对东北特钢的抵触情绪迅速蔓延至辽宁省全境乃至东三省，待到实质性违约之后，东三省债券融资规模急剧下降，融资利率飙升，对当地经济金融发展产生严重负面影响。

有关部门应在全面摸底基础上，充分考虑地方财政承受能力，全面评估债务处置连锁反应，给予地方政府必要的差异化的债务管理空间，实时监控，及时预警，做好预案，妥善应对。财政和金融部门要全力配合，避免市场恐慌蔓延，将风险隔离在最小区域内，以最低成本完成风险处置。

再次，关于有问题金融机构处置和金融违规处罚问题。2018年是国际金融危机爆发十周年。十年来关于这次金融危机的反思从来没有停止过，其中不乏雷曼兄弟破产引发全球金融危机的讨论，还包括雷曼兄弟该不该救的问题，更有质疑美国应对危机的时机与力度把握有问题。对于中国当前某些有问题的重要金融集团的处置，也要把握处置时机，选择合适处置方式，把握处置力度。

对于待处置的问题金融集团的各类资产，应该尽量采取专业化处置方式。由专业机构处置是最大限度减少损失、有效隔离风险传染的成功经验。通过专业机构的有效隔离措施，能够切断风险源在市场间、区域间向外扩散的路径，将冲击控制在特定的范围之内，从而降低次生灾害的扩散范围和发生概率。1999 年，我国政府设立四大资产管理公司，不仅有效处置了银行政策性不良贷款，也果断地隔离了风险传染。

对金融违规行为处罚，不能局限在机构处罚层面，既要具体帮助整改，也要严厉追究主要决策者和背后资本操纵者的法律和经济责任。譬如，中国银行在美国的分行出现了风险之后，美国负责监管的货币监理署不但重罚了中国银行，而且提出了详尽的风险监管的改进意见，要求聘用一位受过专门教育、熟悉美国法律和银行业务的人领导风险管理部，并兼任在美分行的首席风险官（Chief Risk Officer，CRO）。据知情人士介绍，货币监理署还对 CRO 的主要责任和权力作出了明确而具体的规定，例如审查报送所有的可疑活动报告，不必经纽约分行同意独立地开展任何必要的调查，以及对任何渎职、浪费资产、不审慎和不诚实的个人提出处分或解雇的建议。CRO 每月至少主持召开一次在美分行的风险管理会议，并每月至少撰写一份风险控制报告，报送中国银行总行和货币监理署的主管主任。对 CRO 采取任何处分，必须由总行书面批准并事先通报货币监理署专门负责特别监管和反诈骗的主任。同时，纽约分行必须与总行协商，聘请独立的外部审计师，对风险管理部的活动和首席风险官的工作情况做出年度审计，必要时还要做专项审计。为了防止聘请不称职的审计师，货币监理署还规定中行在向外部审计师发出聘书之前，必须将聘书副本报送货币监理署。其目的是帮助银行建立各司其职又互相制衡的有效运营机制，而不是简单罚款了事。

再譬如，2016 年 9 月富国银行在未经客户授权下开设多达 200 万个信用卡及存款账户，最终被监管机构罚约 1.85 亿美元，引发其股价暴跌，而且美国加州还暂停富国银行证券投资业务 12 个月，伊利诺伊州暂停对该行 300 亿美元的投资活动一年。时任 CEO 约翰·施通普夫被迫从首席执行官和董事长的职位上退休，而且富国银行表示施通普夫将不会获得离职补偿金，并将没收此前给予他的 4100 万美元（约合 2.76 亿元人民币）股票奖励。此消息传出后，富国银行股票在盘后交易中大幅攀升，表明富国银行危机的处置得到了市场的高度认同。

经济观察寄语

努力探寻中国经济发展趋势

2008 年国际金融危机之后，中国经济增速由 10% 以上持续降至 6%—7%，由此引发人们对于中国经济前景和运行模式的广泛担忧和争议。危机爆发以来，我一直在密切关注这种认识分歧，并用"趋势思维"觉察到中国经济可能进入新的运行通道。分析 2012 年以来经济运行数据和市场表现，我们发现经济增长轨迹呈现出的一些根本性变化，统计显示经济增长已经步入了新轨道，但接踵而至的市场波动事件表明经济趋势仍然存在较大的不确定性。对于这种变化的战略意义，我们必须要有充分认识和准备，因为适应并维护新通道经济运行，一点都不比把握上升机遇或者应对危机挑战更轻松。

一、充分认识中国经济运行态势的确定性与不确定性

2002 年至 2007 年间，中国经济增速连续 24 个季度处于上升通道，GDP 年均增速高达 11.3%。但伴随国际金融危机对国际经

济金融环境的剧烈冲击，中国经济在 2008 年至 2011 年间经历了罕见的大幅波动，GDP 增速由 2007 年四季度的 14.3%快速下滑到 2009 年一季度的 6.4%，随后在"一揽子经济刺激计划"拉动下，GDP 增速出现短暂的"V"形反弹，至 2010 年一季度增速回升至 12.2%；但伴随刺激政策效应衰减，增速又出现明显回调，至 2012 年一季度已降至 8%以下。但从 2012 年一季度至 2015 年二季度，GDP 增速连续 14 个季度稳定在 7%—8%区间内；2015 年三季度之后开始，增速虽略有下降，但经济已呈现"超常稳定状态"，在 6.5%—7%的狭窄区间持续稳定运行。

依据改革开放近 40 年来的历史轨迹，虽然中国经济运行季度波动较大，但全年跌破 6.5%的概率较小，重要原因之一就是中国是大国，其经济本身就具有较强的结构性支撑，包括地域广阔，人口众多，第一产业形成了稳定性支撑；已是全球工业产业门类最齐全的国家，拥有 3 大门类、41 个大类、700 多个小类的工业体系，第二产业的结构稳定性较强；经济水平提升使得第三产业快速发展，而且迈上中高收入台阶的 13 亿人口消费与服务需求更是将对第三产业稳定增长提供稳定支撑；加之得益于经济结构调整，工业调整接近"死库容"，非工业基本稳定，新的底部稳定支撑因素也正在快速形成。

自改革开放以来，中国三大产业占 GDP 的比重不断调整，分别经历了从农业大国向工业大国、从工业主导向服务业主导两次重大产业调整。进入新世纪以来，第一产业占比趋向稳定，第二产业一直发挥着支柱作用，于 2006 年达到了工业化的高峰，之后占比逐年下降，而第三产业占比开始稳步上升，2013 年超过第二产业（1985 年超过第一产业），2015 年占比超过 50%，第三产业对经济增长的贡献率连续 6 年提高至 60%左右。

中国还拥有超过 13 亿人口、人均 GDP 超过 8000 美元的庞大消费市场，基础消费与升级消费对工业品形成了庞大而稳定的有效需求，进一步推动中国成为全球工业门类最齐全、拥有全球最完善供应链的经济体，形成了全球最大而且是独一无二的、与经济周期几乎不相关的"工业循环死库容"。另外，中国工业构成中的行业结构已经出现了明显分化走势。与日常消费相关的行业，如电力热力及水生产的周期波动较低，以计算机、通信和其他电子设备制造业为代表的高技术制造业快速发展，从 2013 年至 2015 年，高技术产业增加值占工业的比重上升 2 个百分点，而以黑色金属冶炼及压延加工业为代表的六大高耗能行业下降 1.1 个百分点，采矿业下降近 4 个百分点，显示工业运行质量不断提升，企稳基础逐步夯实，对经济增长形成积极支撑。

然而，中国经济稳定的基础隐藏着较大的"不确定性"。一方面，目前引起中国经济增速下行的驱动因素已处于低位，支撑经济向上的因素逐渐增强，但体量有限。另一方面，中国经济增长量达到一定水平之后，国际贸易摩擦将日趋激烈，中国经济结构升级与经济改革并非顺理成章，在多种因素共同作用下，未来三至五年中国经济增速中枢有三种可能：如果中国经济结构调整保持目前态势，国际经济快速复苏，并且主要经济体的经济贸易关系基本维持在世界贸易组织确定的框架内，则中国经济增速中枢大概为 7%，预计经济增长率在 6.5%—7.5%波动；如果中国经济结构调整出现反复，国际经济复苏不能持续，国际贸易环境恶化，中国经济增速中枢可能下行至 5.5%，预计经济增长率在 5%—6%

波动；如果考虑到现有国际经济治理结构变革是一个长期过程，某些变革措施只会影响短期市场波动而不会伤及增长动力，到中国经济升级（包括经济改革）虽然艰难但仍然取得积极进展，中国经济增速中枢大概为 6.5%，预计经济增长率在 6%—7% 波动。

二、保持经济增长在新通道里运行更长时间，符合中国的长远战略，但在实现模式上需要高度警惕对传统刺激手段的依赖症

经济保持在一定增速的平稳运行是升级发展水平、促进结构调整、保障社会全面协调发展的必要条件。国际经验数据也显示，在跨越"中等收入陷阱"的关键时期，经济增速的快速下滑或大幅波动均会破坏市场信心，形成悲观预期，进而造成投资和消费趋于保守，之后失业问题、财政问题和社会问题等可能接踵而至，改革发展空间被过度挤压，形成经济发展"陷阱"。

目前中国正处于由中等偏上向高收入迈进的关键时期，因此尽量保持经济在新通道区间运行，既符合中国长远利益，也是中国尽快跻身高收入行列的战略需要。按照 2015 年世界银行的最新收入分组标准①，2016 年中国的人均国民收入约 8280 美元，已接近中等偏上收入国家的中位数水平（8431 美元），在全球的排名升至 72 位。然而，从中高收入国家最终跻身并保持住高收入国家地位的成功案例明显少

---

① 人均国民总收入低于 1045 美元为低收入国家，在 1045—4125 美元为中等偏下收入国家，在 4126—12735 美元为中等偏上收入国家，高于 12736 美元为高收入国家。目前在世界银行所统计的 215 个经济体中，高收入者 80 个，中等偏上收入者 53 个，中等偏下收入者 51 个，低收入者 31 个。

于落入"中等收入陷阱"国家的案例。我们应该理解经济增速的重要性，甚至也应该对于那些所谓的"经济失速焦虑症"给予一定的理解。

然而要成为名副其实的高收入国家，更为关键的是中高经济增速在横向运行通道里采取何种实现模式。保持经济增长在新通道持续运行，未来可能有两种运行模式。第一种，主观上想重返上升通道，但客观上无论怎样踩油门都不可能，其结果是不敢松油门，经济增长虽然勉强维持横向运行，但结构僵化、货币过多、杠杆高企、质量效率下降。第二种，则着眼经济结构升级，用增加先进新动能对冲淘汰落后产能引发的下行压力，在维持一定增速的同时，逐渐将经济素质由低端引向高端、粗放转向精细。

目前，在实现模式的选择上，我们需要高度警惕对传统刺激手段的依赖症。因为自改革开放至本次危机前，中国经济运行呈现出较为明显的政策主导型的"速降缓升"特性，每当经济下滑时，适时地刺激一下、踩踩油门，经济增速马上能"触底反弹"；而经济过热时踩一踩刹车，马上就会降温。但本次全球金融危机之后，这一经验规律不再有效，至今中国经济依然在底部徘徊，各类宏观调控政策的效应日趋中性，信贷、货币扩张对 GDP 增长的刺激作用显著减弱，同时政策的副作用却急速显现甚至成为制约调控政策的掣肘。究其原因，并不是金融危机改变了中国经济运行的周期特征，而是中国经济发展进入了新阶段，经济结构发生了深刻变化，因而过去行之有效的传统宏观调控手段不再有效。但如果我们对传统刺激的调控手段形成依赖，不顾经济规律，长期踩油门而不敢放松，后果既可能带来巨大资产泡沫，政府与企业债务高企，同时市场配置资源误解导致监管缺失，市场风险频发，最终演变成信心危机。从国际上的历史与经验来看，拉美等国家的教训是深刻的，对此我们必须高度警惕，不能重蹈覆辙。

我们还注意到，大国经济尤其是高收入人口大国（也包括中高收入人口大国），庞大的基础消费对于短期刺激政策并不敏感，而且基础消费对于经济的周期波动还具有明显的"熨平"效应。巴克莱银行基于对历史数据分析发现，在美国经济衰退时期必需性消费、医疗保健、电信板块的表现最好，具体行业包括食品饮料与烟草、家居与个人产品、医疗保健设备与服务。高盛分析师也认为，只要全美约三分之二 GDP 的来源消费者支出继续增长，美国就可以避免经济衰退，更可能出现的是"增长恐慌"，而不是衰退。中国人均 GDP 已经超过 8000 美元，而且在金融危机之后进入一线和二线城市的消费人口增量仍然超过全国总人口增量，消费对于 GDP 贡献率已经连续多年保持在 60% 以上。这些是我们选择、评估需求政策时必须考虑的一个重大基础变化。

三、促进经济升级是中国经济战略的不二选择，应对中国经济面临的"不确定性"，必须着力抓好"六个关键环节"

促进经济升级是中国经济发展的重大战略选择，决策层也一直在坚定推进经济升级，对此社会各界的认可度已经凝聚成了共识，各类微观经济主体已经受惠并开始积极主动调整战略。可以预见，在中国经济运行转换到新通道的同时，经济结构也将加快升级，尤其是"四大升级"将加快推进：低端落后制造业迅速被淘汰，高端装备制造业和高技术行业加速发展，制造业实现升级，并重新成为经济发展的重要支撑①；消费作为经济增长的基础驱动力进一步增强②，与人力资本积累相关的消费成熟度（教育、培训、医疗、体育、信息等）接近发达国家水平，实现消费升级；社会保障需求接近发达国家水平，社会保障覆盖面和保障水平明显提升；金融发展由数量扩张转向金融深化，金融服务实体经济的能力和水平实现升级。

需要格外强调的是在新通道里实现经济升级需要新心态。一方面，经济升级等不来，要抛弃简单经济周期规律的行业复苏幻想，减轻对刺激政策的依赖。短期波动是不可避免的，关键是把握趋势，保持定力。尤其是不能以短期波动作为中长期政策制定与调整依据，同时对短期波动保持密切关注，实时判断波动冲击力，防止其演变成不可承受的颠覆性冲击。最大限度避免宏观政策短期化、政策执行形式化。另一方面，我们还要看到中国经济体量迅速增大与经济升级可能带来的国际竞争压力也在迅速上升，贸易摩擦和高端技术引进限制将成为"常态"，传统的"招商引资"思路和简单"贸易战"思路都行不通。

经济发展规划和宏观经济政策必须真正立足于国家战略选择，把握已确认的经济升级趋势，并抓住关键环节坚定地予以推进。

一是制定革命性通用技术发展战略。革命性的通用技术会对人类经济社会发展产生持续影响，例如蒸汽机、电力、晶体管和互联

---

① 据国家发展改革委员会测算，2017 年新动能对经济增长的贡献已超过 30%，对城镇新增就业的贡献超过 70%。一些东部省份已经走出结构调整阵痛期，新动能正日渐成为经济发展的第一引擎。

② 《华盛顿邮报》援引日本瑞穗银行经济数据显示：2018 年中国零售额预计将达 37.3 万亿人民币，与美国不相上下，甚至可能会首次超过美国。而十年前，这一数字只有美国的四分之一。

网。当前我国应重点关注并着力推动下一代革命性通用技术的深度应用，如纳米技术、机器人技术和自动化系统，先进材料、生物学和各种工程学，传感与互联技术，数据收集、存储与计算技术等。

培育革命性技术与战略性产业，对于经济升级是至关重要的。人工智能等新兴技术能够迅速提升产业水平，实现理想的投入产出效率，从而对经济发展产生倍数效应。实现经济的网络化、数字化、智能化，可以促进生产生活方式发生的革命性转变。应该加大在大数据、云计算、移动无线互联等技术研究以及机器人研发方面的投入，把互联网等信息产业发展放在至关重要的位置；运用人工智能技术和互联网技术深度介入和改造现有产业体系，大力发展智能电网、智能汽车、智能家居、智能环保、智能医疗以及互联网金融等，并提升现代服务业发展水平。

二是增强国家战略基础。加快工业更新升级，尤其是先进装备制造业技术更新，为革命性的通用技术发展奠定基础。先进装备制造，应着眼于全球工业生产的高端领域、国防工业的自主研发以及军民工业的深度融合[①]，瞄准航空产业、卫星及应用产业、太空开发，大力发展具有高技术含量和高附加值的高端装备制造产业。

---

① 国务院 2018 年初批复同意《关中平原城市群发展规划》，强调进一步发挥关中平原城市群对西北地区发展的核心引领作用和我国向西开放的战略支撑作用，建设军民融合创新高地。从发展基础看，关中平原城市群工业体系完整、产业聚集度高，科教资源、军工科技等位居全国前列，航空航天、新材料、新一代信息技术等战略性新兴产业发展迅猛，是全国重要的装备制造业基地、高新技术产业基地、国防科技工业基地。但也存在科研机构力量没有有效整合、军民科技资源共享程度不够、创新创业服务体系不完善等短板。《规划》提出，要以西安全面创新改革试验为牵引，统筹推进军工、科研创新机制改革，做大做强航空、航天、船舶、兵器、军工电子等五大优势主导产业，创新军民融合发展路径，打造军民深度融合发展示范区，努力在创新驱动发展方面走在全国前列。

　　无论是对我国经济当前发展，还是对未来长远发展，全面启动工业技术升级战略，都是非常有必要而且非常紧迫的。历史和现实的经验表明，一国经济在全球的竞争力，不仅取决于经济总量的大小，更取决于经济的技术水平和技术含量。目前美、日、欧等西方发达国家科技进步对经济增长的贡献率普遍在80%以上，我国科技进步对经济增长的贡献率还不到50%，与发达国家有相当大的差距。科技进步对经济增长贡献率不高，生产技术水平总体上的落后，极大影响到我国的生产品质和经济发展水平，我国单位GDP能耗是世界平均水平的2倍，美国的3倍，日本的6倍，还高出巴西、墨西哥等发展中国家水平。如果我国单位GDP能耗达到世界平均水平，GDP总量在现在基础上可提高36%；如果达到美国能效水平，可提高70%；达到日本能效水平，可提高170%。

　　三是传统产业结构调整，既要考虑即期市场需求，还要考虑经济发展阶段的特殊性、未来发展战略和经济安全。解决产能过剩的目的是实现经济升级，应以结构调整为主线，"加减乘除"并用，而非仅仅关注传统行业产能绝对值的减少；即使是非"去"不可的落后产能，也要尽可能依靠市场去"出清"，政府所要做的事情是制定详尽的"落后产能负面清单"并严格执法、社会保障支持、破产企业劳动者再就业指导与培训等。

　　不仅"去产能"政策要服从于经济升级战略，"降成本"政策也要聚焦于经济升级战略。如果政策制定与操作偏离升级产能以适应需求变化这一最终意图，只是一味简单（或单向）压缩产能，而不是在压缩低端落后过剩产能的同时通过必要投入升级制造业技术水平，甚至驱使企业压缩必要的发展支出来达到即期降成本效果，结果只能是进一步固化低端产能，与宏观政策的目标背道而驰。

四是避免金融风险对于经济走势的方向性干扰。只有严守不发生系统性风险的政策底线，才能保持经济在健康的轨道上运行。严格界定主权债务，依法约束主权债务总量与增速，构筑一般市场主体债务向主权债务蔓延的"防火墙"。对于地方政府债务软约束、国有企业负债向政府转嫁的实质性"或有政府负债"必须高度重视。地方政府负债形式、可负债领域与债务总量都必须有明确的法律规定，国有企业的信用约束必须强化，必须让各类贷款主体和债权人明白，不仅法律上政府不能对国有企业自身负债提供直接或变相担保，道义上也不再承担连带责任。

五是积极促进经济走向成熟。发达经济体不仅是人均 GDP 达到较高水平，更重要的是市场经济成熟度处在很高的平台上。例如社会信用体系，在西方发达经济体中，信用与生命是同等重要的东西，而我国市场经济的信用文化和信用服务体系建设还处在起步阶段，道德与法律体系亟待完善。再譬如消费升级包含的商品与服务的理性消费（尤其是鄙视炫耀与浪费性消费行为）、人力资本积累性消费在总消费中占较大比例（教育培训体育医疗等）、市场监管标准及其监管覆盖面与行政有效性等一系列问题，这些在发达国家已经习以为常的事情，目前在我国则是大家忧心忡忡的沉重话题。

六是经济升级不仅取决于技术和装备水平，创新商业模式也很关键。由于市场供给方式落后，供需信息不对称，导致了大量的潜在消费需求处于睡眠状态。传统商业模式依靠实体网点的零售模式存在经营时间与空间限制，即使是最大购物中心陈列商品也是有限的，消费者无法及时得到全部商品信息、无法比较同一类商品的质量、功能与价格，商家找不到顾客，消费者不知道在哪里能买到心仪的商品，大量的潜在消费需求无法转变为现实消费需求。以电子商务为代表的商业革命，极大冲击传统商业模式，对缩短服务链条，加速流通，降低物流费用和经济活动成本，激发消费潜力，唤醒消费需求，提升经济运行效率，提供就业，拉动制造业发展，带动经济深化等，起到巨大促进作用。从发展趋势来看，互联网商业模式已经显示出方向性意义，中国在这方面已经有很好的起步，走在了世界的前列。继续推进商业模式变革，保持商业革命全球领先势头，对我国未来发展至关重要。

跨越"中等收入陷阱"的反腐败视角

中国经济已经进入中高收入国家行列,"中等收入陷阱"并非杞人忧天,而在跨越这一陷阱的国际实践中,根治"腐败"从来都是无法回避的。

"中等收入陷阱"是世界银行在 2006 年《东亚经济发展报告》中明确提出的一个概念,它指当一个国家的人均收入达到世界中等水平后,由于其转变经济发展方式缓慢,导致经济增长乏力和创新不足,无法进入高收入国家行列,这种长时期的发展停滞即为"中等收入陷阱"。直观分析,我国当前情况与世行报告中的描述有相似之处,2013 年人均国民收入达到 6560 美元,已经来到上中等收入阶段。按照国际经验,当一国经济发展至该阶段时,可能会面临掉入"中等收入陷阱"的风险。深入观察,"中等收入陷阱"的成因比已知的要复杂,跨越"中等收入陷阱"也绝非易事。

在世界经济发展史上,陷入"中等收入陷阱"的国家很多,"二战"后的案例主要有巴西、阿根廷、墨西哥等拉美国家、东南亚各国以及南非、叙利亚等。这些国家很早就跨过低收入阶段进入中等收入阶段，随后长期陷入其中，绝大多数至今还未能实现向高收入国家的跨越。而成功迈过"中等收入陷阱"的国家则相对较少，国际上公认的也就是日本、韩国等国以及新加坡和我国台湾、香港、澳门等少数几个单一城市经济为主体的国家和地区。

尽管有关国家陷入"中等收入陷阱"的原因各不相同，但是概括来看，严重的公权腐败是陷入"中等收入陷阱"国家的共同特征。从统计学意义上来看，透明国际的报告显示清廉指数与人均 GDP 存在着非常明显的正相关关系，清廉指数越高的国家，人均 GDP 也相应越高。从成功跨越"中等收入陷阱"的实践来看，日本、韩国、新加坡、中国台湾、中国香港等国家和地区，无一例外地遵循了"社会性腐败威胁、强力反腐败、形成社会清廉机制、经济保持快速发展并最终跻身高收入经济体"的共同路径；与此形成鲜明对比的是，巴西、阿根廷、东南亚各国则在反腐败这条阵线上"集体沦陷"。拉美地区的对比最为明显，该地区是全球腐败重灾区，而唯独乌拉圭和智利两个国家清廉指数排名高居全球第 19 位和第 22 位（2013 年），两国 2012 年人均 GDP 也分别达到 14707 美元和 15410 美元，携手成为拉美地区首批迈进高收入阶段的国家。

从理论上观察，公权腐败及其引发的社会腐败必然导致经济增长乏力甚至产生衰退。首先，公权腐败形成各类特殊利益集团，阻碍改革实施。公权腐败导致国家机器沦为少数特殊利益集团攫取财富的工具，这些利益集团不仅存在于公权人员内部，而且会延伸到社会的各个领域，形成腐败的利益链和分利集团联盟。而任何改革措施均有可能打破这种均衡，从而招致各方的阻挠，这就造成体制机制僵化，此时公权腐败演变为社会全面腐败。正如 20 世纪 70 年代香港广为流传的一种说法："腐败犹如马力强大的公共汽车，面对腐败人们要么是上公共汽车，像车上其他人一样，积极地参与腐败；要么是看着公共汽车跑，做一个不干涉腐败系统运行的旁观者；但挡在公共汽车前抵制腐败则是极其不明智的。"

其次，公权腐败损害市场机制，降低经济要素配置效率。市场和权力是两种不同的资源配置方式，两者之间存在着此消彼长的关系。一方面，公权腐败会内生性地催生公权扩张，从而严重压缩市场配置资源的空间，降低经济要素的配置效率；另一方面，公权腐败导致的权力寻租和特殊利益集团使得市场机制的作用大为降低，大量资源被用于贿赂、游说等非生产性活动，造成资源浪费和经济效率降低。即使是投入生产的资源也并未用于高质高效、能带来最大产出的项目，造成资源的低效使用。

同时，"任人唯亲""任人唯钱"的人事腐败也不能做到"人尽其才"，必然造成人力资源的无效配置。再次，公权腐败影响创新和技术进步，阻碍经济转型升级。公权腐败能为各类分利集团快速带来巨额利益，具有十分显著的"示范效应"，容易诱导各类主体将原本用于新产品、新技术开发的创新资源用于"托关系""行贿"等腐败活动，导致整个社会用于技术研发的资源大幅下降，严重影响创新和技术进步，降低生产力发展速度。而技术革新在一国经济发展尤其中等收入阶段实现增长动力转换的过程中又尤为重要。

最后，公权腐败损害社会稳定，危及经济持续发展。在中等收入阶段，社会的不公平性本来就会凸显。公权腐败导致政府决策和行为的目标发生扭曲，不再以社会利益最大化为目标，而是将维护和促进各分利集团的利益最大化作为目标。在这种结构下，政府政策往往是为了个别分利集团的利益而损害全社会利益，造成并加深二元经济结构、收入分配和贫富差距巨大，社会矛盾不断积累，造成政治动荡，无法为持续的经济发展提供稳定的社会环境。

在"二战"后的世界经济发展史上，成功迈过"中等收入陷阱"的国家相对较少，它们在跨越"中等收入陷阱"以及后来长期的经济发展过程中，均开展了持续性的大规模反腐败运动，相关措施也不断递进、完善、系统化和制度化，保障了经济社会转型升级和国家健康发展。例如日本，人们一般将战后日本经济的成功归因于美国援助、出口导向战略、科教等方面，但如果我们深入分析不难发现，廉洁高效的行政体系是必要条件。战后一开始日本就强调"法治主义"理念，并于 1947 年在美国的帮助下制定了《国家公务员法》，对公务员日常行为的方方面面都作了严格细致的规定和限制。这部法律对日后公务员体系建设产生了长期深远的影响。后来日本又陆陆续续地出台、修整、完善反腐败法律法规，尤其对各项罪责进行了明确细致的划定，很好地堵住了行贿受贿的法律漏洞。除了完善的法律体系外，日本还有着健全的反腐败机构，这些机构通常都具有很高的独立性，从而保证其行使职能。另外，新闻媒体在反腐败中的作用也很明显，不但揭露出了多宗大案、要案，而且还对各级公务员行为发挥着持续性的监督作用。日本的政治腐败比较严重。与美国和欧洲都不同，战后日本实行政府主导的市场经济体制，形成政商勾结的"金权政治"，加之自民党长期"一党独大"以及"政治献金"制度，给腐败交易行为提供了温床，导致日本高层腐败问题迭出。党魁、议员、政府高级官员组成各种特殊利益集团，阻碍改革进行，在 20 世纪 90 年代日本经济"失去的十年"中发挥了非常消极的负面作用。世纪之交，日本相继制定实施了《公务员伦理法》和《公务员伦理规章》，除了继续加大对基层公务员的约束外，对高级别官员的约束力也不断增强。至 2013 年，日本清廉指数排名全球第 18 位。

再来看看韩国。朝鲜战争结束之后，李承晚政权奉行旧朝鲜的官僚体制和作风，加之以政府为主导的经济发展模式造成权力过度集中，催生了以行政腐败为主要形式的公权腐败，经济发展也基本陷于停滞，到 1961 年韩国人均 GDP 只有 91 美元。后来朴正熙通过政变上台，在其掌权的 18 年时间里（1961—1979 年），依靠坚决的领袖意志和高度集权的中央政府，推行"铁腕治腐"，开展了自上而下、持续性、大规模的"庶政刷新"反腐运动，维护了经济发展秩序，造就了"汉江奇迹"。人均 GDP 由 1961 年的 91 美元升至 1980 年的 1674 美元，增长了近 20 倍。朴正熙时期的反腐败措施主要表现为"急风暴雨式的群众运动"，这说明中央政府的坚定决心和强力措施能够在短时间内对腐败起到遏制作用。但是进入中等收入阶段后，一方面，经济发展为公权腐败带来新的寻租机会，另一方面，由于之前的反腐败运动主要是"人治"方式展开，并非"法治"，因此一旦反腐力度减弱，腐败就再次卷土重来。体制机制上的问题并未解决，加之"强政府"的模式也带来巨大的腐败空间，朴正熙被刺后的两任总统（全斗焕、卢泰愚）期间，韩国制度性腐败开始蔓延到社会生活的方方面面。1992 年金泳三上台之后，韩国终于开始从制度上来系统性地抑制公权腐败，通过《公务员伦理法》修正案，推行官员财产申报制度、金融账户实名制（之前这些制度屡立屡废），并设立了财产公开真相了解特别委员会，专门保证这些制度的严格执行。实践证明这些制度有效限制了公权腐败，保障了市场机制在资源配置中的主导作用，维护了经济和社会秩序的正常运行。之后的继任者也并没有停止反腐的脚步，继续制定了《防止腐败法案》《腐败预防法》《公职腐败调查处罚法》《反腐败—透明社会协议》等一系列反腐方案，并加大了反腐司法机构的独立性，鼓励更多民众参与监督检察，从制度上形成了预防腐败的长效机制。由于持续有效且不断递进的反腐措施，韩国经济获得长足发展，20 世纪 90 年代中期以后顺利进入高收入国家行列，其后虽然由于亚洲金融危机和新世纪的全球金融危机致使经济发展有所波动，但至今仍然稳居高收入国家行列。

新加坡也是如此。1959 年，新加坡获得自治权利时腐败盛行，其中集体性贪污行为尤为严重。人民行动党执政后，政府通过长期的反腐败行动，使得新加坡逐渐成为目前全亚洲最廉洁的国家之一。1960 年，新加坡颁布了《防止贪污法》，从惩罚条款、对举报人的保护、对与代理人进行非法交易的惩罚、调查取证等多个方面对反腐败做了具体的规定，该法案的实行大大减少了腐败行为的空间。此后新加坡又先后七次对法案进行改进，并又陆续颁布了《公务员法》《公务员行为准则》《防止贪污法》《公务员惩戒规则》等一套完整、具体、实用的政府公务员法律法规。另外，新加坡的公务道德考评体系也非常有特色，它将公职人员的日常生活纳入了腐败监管体系内。到 20 世纪 70 年代初，新加坡的腐败情况大为好转。新加坡在加大惩治和监管力度的同时，实行高薪养廉政策。通过提

高公职人员的福利待遇，降低贪腐的意愿。1973 年后，通过四次
提高公职人员福利，新加坡已成为世界上公务员待遇最高的国家之
一。不仅如此，新加坡还从贪污腐败的事后处置入手，在 1989 年
出台了《没收贪污所得利益法》，加大对贪污所得利益的处罚力度。
这两方面的"组合出击"，使得公职人员腐败行为的机会成本大大
上升。另外，新加坡从文化上也对腐败做出了明确的界定。李光
耀执政期间，发扬儒家文化，提出了新加坡人的行为八德"忠孝仁
爱礼义廉耻"，认为廉耻就是廉洁奉公，并以社区为基础进行提倡，
使得腐败在新加坡的文化观念中成为社会公敌。纵观新加坡的反腐
历程，不仅社会进步成果非常显著，经济发展和人民生活水平也蒸
蒸日上。20 世纪 80 年代末，新加坡就成功晋级为高收入国家；到
90 年代中期，人均 GDP 达到 2 万美元。

怎样避免经济发展落入"中等收入陷阱"？我们可以从国际正
反两方面经验教训总结出以下几条。

第一，确保市场在资源配置中的主导作用，尽量减少公权力对
经济活动的干预。只有政府逐步减少对经济领域的干预，权力寻租
的根源才能真正消除。反之，如果政府主导资源配置，反腐败最多
也只能是"治标不治本"。韩国朴正熙时期依靠"铁腕治腐"取得
了很大成效，但是"强政府"的体制还是使得腐败问题在其后的两
任总统期间死灰复燃，最后只能借助体制革新才得到真正改观。

第二，构建完善的法律法规体系规范政府各项行为，压缩权力
寻租的操作空间。虽然政府应逐步退出微观经济领域，但是其在经
济社会中的活动不可避免，很多时候甚至是必要的。然而，这些必
要的政府行为必须用细致完备的法律法规条款加以规范，使得权力

寻租丧失活动空间，日本、韩国、新加坡等国莫不如此。另外，完善的反腐败法律法规体系在经济体制转型过程中也尤为重要，如果没有完善的法律法规加以约束，寻租行为将可能加速蔓延。

第三，加强公务员伦理建设，规范其日常行为，并建立财产公示和金融实名制度。除了政府行为这样显形的干预外，公务员日常行为也能够对经济活动施加间接或潜在影响，从而滋生寻租机会。因此，日本、韩国、新加坡等都非常重视公务员伦理建设，出台《公务员伦理法》《公务员伦理规章》等相关法律，将公务员日常行为纳入腐败监管体系。另外，建立财产公示制度和金融实名制度也非常重要，比如在韩国，虽然由于推行阻力很大，这两项制度历经几任总统才得以真正实施，但是一经实施它们就对反腐败起到了立竿见影的效果。

第四，加大腐败惩治力度，对于腐败行为决不姑息。各国的历史经验表明，加大惩罚力度对于抑制腐败行为具有较强的预防作用。在日本，"可能一顿不该吃的饭就会导致丢官"，新加坡也是如此；而在20世纪90年代的拉美地区则是"拿了几百万美金也可能不会丢官"。加大腐败行为惩治力度需要从法律上对各项罪责清晰界定，对惩罚措施进行明确，同时还要能够保证法律条款得到真正履行，做到决不手软、决不姑息。

第五，建立统一的具有较高独立性的反腐败机构，提升其相对权限。反腐败机构不在多，关键要能够真正发挥作用。机构多反而不利于协调，给腐败分子留下钻空子的空间。而要能够真正发挥作用，它就必须有较高的独立性和较大的权限。在这方面，香港地区廉政公署制度是全世界的典范。

第六，提高全社会对反腐败的参与度，鼓励媒体发挥监督作用。反腐需要编织起一张发现、揭露腐败行为的恢恢巨网，使腐败行为无处藏身。因此除了体制机制、法律法规和反腐机构外，全社会的广泛积极参与也非常重要，而媒体所发挥的监督作用尤为关键。日本、韩国和我国香港地区等通过立法保证各种媒体能够较为自由地对政府和公务员的各项行为进行监督，日本几任前首相的贪腐大案都是在这一背景下被揭露于世。

第七，适当采取高薪养廉政策，使拥有权力者不愿腐败。公务员建设不能一味要求他们发扬奉献精神，接受较低的收入水平。否则就会出现优秀公务员离职，整体素质降低；或者公务员怠工，政府效率下降；或者公务员在高危高压情况下仍然顶风作案，产生更加严重的腐败问题。治理腐败最终还是要回到公务员建设上来，在这方面，新加坡的做法比较成功，它通过高薪养廉政策，使得公务员在合法收入下依然能够有体面的生活条件，贪腐行为的意愿大为降低。

责任编辑：曹　春
封面设计：木　辛
责任校对：吕　飞

图书在版编目（CIP）数据

中国经济量变与观察思维质变／黄志凌 著 . —北京：人民出版社，
　2018.10
ISBN 978－7－01－019646－6

I.①中⋯　II.①黄⋯　III.①中国经济－经济发展－研究　IV.① F124

中国版本图书馆 CIP 数据核字（2018）第 179901 号

中国经济量变与观察思维质变
ZHONGGUO JINGJI LIANGBIAN YU GUANCHA SIWEI ZHIBIAN

黄志凌　著

人民出版社 出版发行
（100706　北京市东城区隆福寺街 99 号）

北京汇林印务有限公司印刷　新华书店经销

2018 年 10 月第 1 版　2018 年 10 月北京第 1 次印刷
开本：710 毫米 ×1000 毫米 1/16　印张：17.5
字数：216 千字

ISBN 978－7－01－019646－6　定价：58.00 元

邮购地址 100706　北京市东城区隆福寺街 99 号
人民东方图书销售中心　电话（010）65250042　65289539